2015
职工热点问题
面对面

本书编写组◎编

中国工人出版社

图书在版编目（CIP）数据

2015职工热点问题面对面/《2015职工热点问题面对面》编写组编. —北京：中国工人出版社,2014.9

ISBN 978-7-5008-5924-6

Ⅰ.①2… Ⅱ.①2… Ⅲ.①社会问题–研究–中国 Ⅳ.①D669

中国版本图书馆CIP数据核字（2014）第209764号

2015职工热点问题面对面

出版人	李庆堂
责任编辑	习艳群
责任校对	赵贵芬
责任印制	栾征宇
出版发行	中国工人出版社
地　　址	北京市东城区鼓楼外大街45号　　邮编：100120
网　　址	http://www.wp-china.com
电　　话	（010）62350006（总编室）　（010）62005039（出版物流部） （010）62382916（职工教育分社）
发行热线	（010）62005996　（010）82075964（传真）
经　　销	各地书店
印　　刷	北京睿特印刷厂
开　　本	710毫米×1000毫米　1/16
印　　张	9.5
字　　数	162千字
版　　次	2015年5月第1版　2015年5月第1次印刷
定　　价	25.00元

目录

CONTENTS

第1章

收入分配制度改革如何促进社会公平?

改革开放三十多年来，中国取得了举世瞩目的成就：国民经济持续、快速、健康发展，GDP年均增速保持在7%以上，社会生产力和国家综合实力不断增强，经济总量稳居世界前列；人民生活水平显著提高，已总体上达到了小康。

然而，随着经济的高速增长，中国也出现了贫富差距问题，成为世界上贫富差距较大的国家之一。贫富差距问题，已经成为当今中国社会一个较为严重的民生问题。

收入差距的扩大不仅有不均的问题，更有不公的问题。在这样的背景下，国家推进收入分配制度的改革，既要尊重经济发展规律，鼓励人们通过合法手段富起来，并依法保护其合法权益，同时还要完善调控体系，坚决打击不法收入。唯有此，才能让更多的人享受改革红利，实现共同富裕。

1 如何看待“穷人更穷、富人更富”的问题？

收入差距问题，一直以来都是困扰世界各国的重要社会问题。根据2013年8月《参考消息》的报道，全球最富有的200人拥有大约2.7万亿美元的财富，远远多于35亿最穷人口2.2万亿美元的财富总和。

世界范围内收入分配不平等将会进一步加剧，似乎是一个无法回避的问题。据一份调查报告显示，最近20年里，1%最富者的收入增加了60%，金融危机不但没有减慢反而加速了他们财富的增加，其中0.01%最富者的收入增长最快。

与此同时，世界贫富差距在不断扩大。在殖民统治时期，富国与穷国之间的收入差距从3：1扩大到35：1，部分原因是由于殖民国家对资源和人力等财富的大量掠夺。现在，这个差距已经扩大到将近80：1。

那么，中国贫富差距的现实如何呢？

2013年7月，北京大学中国社会科学调查中心发布“中国家庭追踪调查”。数据显示：中国家庭收入两极分化严重，2012年收入最低的5%的家庭收入累计占所有家庭总收入的0.1%，而收入最高的5%的家庭的收入却占所有家庭总收入的23.4%。

▲ 北京车展上，一位清洁工趁午休时间在展区一厕所内吃自带的早餐。对于他们来说，展区内动辄上百万的豪车，看一眼都是奢望。

调查表明，2012年全国家庭人均纯收入均值为13033元。但收入最低的5%的家庭人均收入只有1000元，5%~10%范围内的家庭人均收入只有2000元，而收入最高的5%的家庭的人均收入则高达34300元。

收入来源方面，工资性收入已成为全国家庭收入的最主要来源，若有家庭成员在体制内工作，则家庭人均收入明显较高。

【名词解释】

基尼系数

基尼系数，是用于衡量收入分配公平程度的关键指标。它是指全部居民收入中，用于进行不平均分配的那部分收入占总收入的百分比。收入分配越是平等，数值则越小；反之，则越大。基尼系数大于等于0.5意味着贫富差距悬殊，0.4为警戒线。

另有调查数据表明，2012年，全国87.4%的家庭拥有现住房产权，住在单位房、公租屋或廉租屋的家庭比例很低。河南、甘肃家庭拥有住房产权的比例在90%以上，上海家庭拥有住房产权的比例最低。农村家庭拥有住房产权的比例高于城镇家庭。

2010~2012年，城镇人均家庭纯收入增长22%，农村家庭增长34%，城乡差距缩小。低收入家庭收入增长率低于中等和高收入家庭，中等收入家庭增长率最高，与高收入家庭的差距缩小。

2014年7月底，北京大学中国社会科学调查中心再次发布《中国民生发展报告2014》。报告指出，在中国家庭财产的构成中，房产占比超七成。房产不平等是我国财产不平等的主要贡献因素，2010~2012年，房产增长量占总财富增长的一半以上。

面对如此严峻的社会形势，近年来，政府连续在完善法律、税制改革、民生保障、产业调整等多个层面进行宏观调控，强化公平分配，并取得了一定成效。基尼系数是世界公认的衡量贫富差距的关键性指标，基尼系数大于等于0.5意味着贫富差距悬殊，0.4为警戒线。2009年以来，中国居民收入的基尼系数连续第五年下降，2013年的基尼系数为0.473，也是10年以来的最低值，与2004年水平持平。显然，国家在收入分配改革、缩小居民收入差距方面，正戮力而行。

需要客观面对的是：由于我国正处于社会主义初级阶段，市场经济体制不完善，间接导致了不公平竞争、不公平分配的现象——国家分配制度的改革，也正是瞄准了这些不完善之处。再者，更应该认识到，社会主义市场经济同样遵循竞争机制。在市场竞争中，任何人通过诚实劳动、合法经营先富起来，必须受到鼓励、保护和尊重。

重磅声音

李克强：深化收入分配体制改革，努力缩小收入差距

2014年3月5日，十二届全国人大二次会议在人民大会堂开幕，国务院总理李克强做政府工作报告。

李克强指出，收入是民生之源。要深化收入分配体制改革，努力缩小收入差距。健全企业职工工资决定和正常增长机制，推进工资集体协商，构建和谐劳动关系。加强和改进国有企业负责人薪酬管理。改革机关事业单位工资制度，在事业单位逐步推行绩效工资，健全医务人员等适应行业特点的薪酬制度，完善艰苦边远地区津贴增长机制。多渠道增加低收入者收入，不断扩大中等收入者比重。使城乡居民收入与经济同步增长，广大人民群众普遍感受到得实惠。

政策传真

2014年各地调整最低工资标准

据不完全统计，进入2014年以来，重庆、陕西、深圳、山东、北京、上海、天津7个地区上调了最低工资标准。

北京市最低工资标准由每月1400元调整为1560元，小时最低工资标准由15.2元提高到16.9元；上海最低工资标准从每月1620元调整为1820元，小时最低工资标准从14元增至17元；天津最低工资标准由每月1500元调整为1680元，小时最低工资标准由15元调整为16.8元。

此番调整后，重庆第一档月最低工资标准为1250元；陕西一类地区月最低工资标准为1280元；深圳为1808元；山东月最低工资标准最高档为1500元。

人力资源和社会保障部公布的数据显示：2011年全国有24个地区调整了最低工资标准，平均增幅22%；2012年全国有25个地区调整最低工资标准，平均增幅20.2%；2013年全国有27个地区调整了最低工资标准，平均调增幅度为17%。

2 如何看待“不同行业的收入差距”?

由于岗位不同、行业不同、地域不同所导致的收入差距问题，在生活中十分常见。

2014年5月27日，国家统计局发布2013年我国平均工资主要数据。数据显示，2013年我国工资水平继续增长，但增速放缓，同时行业差距仍然明显。

就工资水平的行业差距情况来看。以非私营单位主要行业为例，年平均工资最高的是金融业，达到99659元；其次是信息传输、软件和信息技术服务业，年平均工资为90926元；排第三的是科学研究和技术服务业，年平均工资为76603元。工资水平比较低的是住宿、餐饮业和农、林、牧、渔业，年平均工资分别为34043元和25820元。私营单位行业排位有所不同，年平均工资最高的是信息传输、软件和信息技术服务业44060元，接着是科学研究和技术服务业42854元，金融业排在第三，为37253元。

值得一提的是，国家统计局首次发布了岗位平均工资数据。从岗位工资统计总体情况看，单位负责人的平均工资最高，商业、服务业人员平均工资最低，前者是后者的2.73倍。从企业登记注册类型看，外商投资企业岗位工资差距最大，最高工资是最低工资的5.35倍。

▲ 北京一新建楼盘外，建筑工人在吃午饭。作为城市建设者，高房价让他们无力在此安家。

此外，也有研究者指出，目前，我国电力、电信、金融、保险、烟草等行业职工的平均工资大都高于低收入行业职工平均工资的2~3倍及以上，若是加上福利待遇等其他收入，差距则更大。

毋庸置疑，部门之间特别是行业之间收入差距一度在不断扩大，并对整体收入差距扩大产生直接影响，成为影响民生指数、社会稳定的重要因素。

那么，不同行业的收入差距原因何在？还会继续扩大吗？国家如何调控不同行业间的收入差距？

显然，由于改革开放的不同历史时期的发展需要，对一些区域和行业实行的倾斜政策，以及由来已久的城乡二元结构等原因，也在很大程度上造成了不同行业间的收入差距拉大。这是不容回避、亟待解决的现实问题。

当然，我们也应看到，很长一段时间以来，在国家强化收入分配制度改革，消除不平等、不合理分配制度的背景下，行业间的收入差距问题正逐步得到解决。“提低、扩中、控高”，这是扭转行业间收入差距扩大的整体性思路。

从目前国家的相关举措来看，“提低”举措进展迅速。比如，对于最低工资标准的提高，对于个人所得税起征点的提高，逐步健全小企业薪酬管理制度并建立员工工资增长机制等举措。

此外，“扩中、控高”工作正稳步推进。比如，调控部分企业高管的偏高过高收入，调控垄断行业的偏高过高收入，调控社会某些群体的偏高过高收入，同时加强规范灰色收入和打击非法收入，促进遏制并扭转收入分配不合理差距等。

现象透析

贫富差距过大催生“不良心态”

心理学家认为，收入差距的不断拉大，会导致部分社会成员在社会地位、资源享用等方面与富裕阶层之间的差距感越来越大，相对剥夺感越来越强。随着心理公平感的失衡，社会公正的缺失成为一切对抗情绪和社会问题产生的根源。这就会逐渐促使部分社会成员滋生浮躁、焦虑、困惑、怨恨、仇富等不良心态。

3 缩小收入差距就是“平均主义”和“大锅饭”吗?

谈到收入分配改革的举措，很多人不自觉就会想到平均主义。那么，整顿和规范分配秩序，逐步理顺分配关系，促进社会公平，就要搞“平均主义”、搞“大锅饭”吗？答案自然是否定的。缩小过大的收入差距，实现收入分配公平，不能走平均主义的老路。

原因很简单，因为平均分配的结果不是共同富裕，而是共同贫穷！历史实践证明，平均分配严重挫伤了财富创造者的劳动积极性，使勤劳的人变得日益懒惰，懒惰的人变得更理直气壮。试想，没有劳动者的积极性，何来生产的发展，何来财富的增加？没有劳动成果的“蛋糕”，又怎言分配？而且，不同人的能力、经验及所付出努力不相同，劳动报酬也不应该相同。

显然，收入分配改革要把握好“做蛋糕”与“分蛋糕”的度。既不能一味强调做大蛋糕，而忽视了民众分享改革红利的呼声，也不能片面强调“平均主义”，而损伤了社会继续“做大蛋糕”的财富基础与民众的劳动热情。

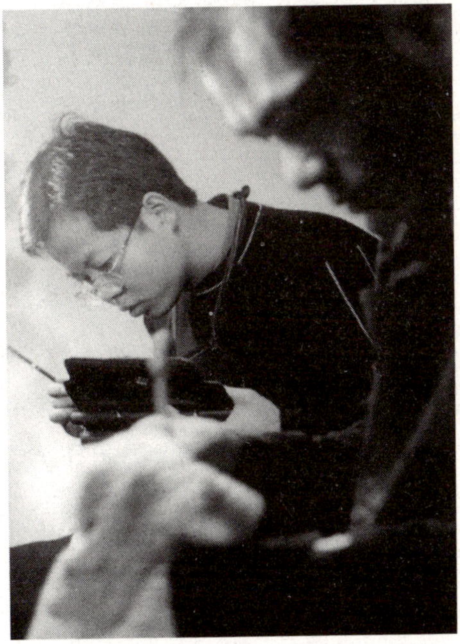

▲西安的两位大学生开了家皮鞋护理店，走上了自主创业之路。

那么，实现收入公平分配的核心和关键是什么？总结起来，不外乎以下几个方面。

一是始终把握“提低、扩中、控高”的主线。提高低收入群体的收入水平；扩大中等收入者比重；调节垄断部门高收入、部分企业高管的过高收入以及某些社会群体的高收入。

二是注重初次分配的起点平等原

则。改革不应该注重国民收入分配格局的结果平等，而是应该注重初次分配时起点的平等，以及公平竞争的环境。

三是营造公平竞争环境。营造公平的竞争环境，鼓励并保护包括劳动在内的要素取得合理合法收入，是收入分配体制改革的核心。

四是调节垄断部门高收入。进一步推进打破垄断、促进民间资本发展等相关配套改革，实施标本兼治。

此外，也有观点认为，以减税让利为核心的财税体制改革为突破口进行收入分配体制改革，阻力最小、成本最低。

政策传真

《关于深化收入分配制度改革的若干意见》解析

2013年年初，国务院批转《关于深化收入分配制度改革的若干意见》（以下简称《意见》）。该《意见》也成为国家进一步深化收入分配改革的“根本思路”。《意见》提出深化收入分配制度改革的主要目标如下：

· 城乡居民收入实现倍增

· 收入分配差距逐步缩小

· 收入分配秩序明显改善

· 收入分配格局趋于合理

现象透析

合理控制贫富差距

社会财富的分配不公，贫富的两极分化，社会财富的畸形集中，必将导致社会的不安定。但是，贫富差距并非都是不合理的，过低的收入差距，片面强调公平分配，同样会挫伤劳动者创造财富的积极性，阻挠经济发展。只有合理地控制贫富差距，才有利于刺激经济增长。

4 “同工不同酬”的不公平现象何时能消除?

在同一个单位，干同样的活儿，聘用工和正式工、农民工和城镇工、编制外和编制内，收入甚至会差出10倍。同工不同酬，折射出其背后的用工双轨制，同样折射出收入分配上的不合理。

为什么同工不同酬现象在我国会大量存在?其产生的历史背景如何?又有哪些影响?

首先，同工不同酬是我国社会经济制度转型的过渡与阵痛。改革开放初期，为了打破“铁饭碗”、优化人才结构，部分企业实行合同工、临时工、固定工等多种形式的用工制度，逐步做到人员能进能出、能上能下。于是，形成了“用工双轨制”。

其次，人事制度改革过程中，国家实行“老人老办法，新人新办法”的本意是通过新人事制度的市场化改革，逐步建立起“能进能出，能上能下”的人才自由流动机制。但在很多单位，“老人老办法，新人新办法”被人为扭曲，“同工不同酬”成为常态。

毋庸赘言，同工不同酬的分配形式，直接违背社会公平正义的原则，容易引发社会不安定因素，影响社会和谐。近年来，因为同工不同酬而接连发生的群体性事件也警示人们，解决同工不同酬问题迫在眉睫。

▲石家庄一企业进行民主测评投票，让员工公平竞争上岗工作是一个企业发展的重要推动力。

那么，应该如何去除体制沉疴，实现真正意义上的按劳分配，同工同酬?可从以下几个方面入手。

第一，消除身份差别，加快制度改革。用工双轨制下的同工不同酬，归根结底是制度的问题。实现同工同酬，制度上要做到改革户籍制度，彻底消除身份差别；规范用工制度，打破少数人的既得利益；加快国家人事和财税体制改革，建立平等合理的人事关系等。

第二，加大执法力度，加强舆论监督。2013年7月1日，新修订的《劳动合同法》正式实施，其中第六十三条明确规定："被派遣劳动者享有与用工单位的劳动者同工同酬的权利。用工单位应当按照同工同酬原则，对被派遣劳动者与本单位同类岗位的劳动者实行相同的劳动报酬分配方法。"由此可见，"同工同酬"立法已然完成。这要求严格执法，保障法律落到实处。企业要带头示范，实行同工同酬；执法部门要加强执法和监管，为《劳动合同法》保驾护航；舆论要强化监督，营造公正平等的氛围。

第三，改革分配体制，坚持按劳分配。打破"一企多制""一岗多制"制度，逐步以岗薪制代替身份等级制，实行按岗定酬，按岗定员，按劳分配；建立民主决策、各方参与、科学有效的薪酬决定机制；建立岗位绩效激励机制等。

第四，增强工会力量，保障职工权益。要加强工会制度建设，发挥工会领导作用；建立广泛的薪酬集体协商制度，形成正常的工资增长机制；强化工会在劳资纠纷中的代表性和谈判力；协调劳动主管部门采取多种措施拓宽就业渠道，增加就业机会，缓解就业压力。

政策传真

努力实现农民工与城镇就业人员同工同酬

中共中央、国务院2015年4月8日印发了《关于构建和谐劳动关系的意见》，意见明确指出，我国正处于经济社会转型时期，劳动关系的主体及其利益诉求越来越多元化，劳动关系矛盾已进入凸显期和多发期，劳动争议案件居高不下，有的地方拖欠农民工工资等损害职工利益的现象仍较突出，集体停工和群体性事件时有发生，构建和谐劳动关系的任务艰巨繁重。

意见强调，要切实保障职工取得劳动报酬的权利。完善并落实工资支付规定，健全工资支付监控、工资保证金和欠薪应急周转金制度，探索建立欠薪保障金制度，落实清偿欠薪的施工总承包企业负责制，依法惩处拒不支付劳动报酬等违法犯罪行为，保障职工特别是农民工按时足额领到工资报酬。努力实现农民工与城镇就业人员同工同酬。

5 如何实现“橄榄型”分配格局？

当前，收入分配制度改革的思路非常明确，即“提低、扩中、控高”。相比于“提低”和“控高”，“扩中”成为建设“橄榄型社会”的主要发力点。

当前，我国距离“橄榄型社会”还有多远？

据测算，目前我国的中等收入群体比重还较小，大约只占全国从业人员的20%多。要形成“橄榄型”分配格局，这一群体占从业人员的比重起码应达到50%左右。要把现在的中等收入群体比重从20%多提高到50%，还需较长一段时间。

部分专家学者认为，从人口比例来看，中国的收入分布格局不是“橄榄型”而是“金字塔型”，而且是一个底座非常庞大的“金字塔型”。也有专家学者认为，现在我国的收入分配结构是“倒丁字型”，这种收入分配结构状况比金字塔型结构还要糟糕。此外，还有一种观点认为，我国当前的收入分配结构是“哑铃型”。显然，我国目前的分配格局无论是“金字塔型”“倒丁字型”或“哑铃型”，都与“橄榄型”分配格局相差很大。

那么，应该如何构建“橄榄型”分配格局？

第一，关键是让中等收入群体持续扩大。要健全工资决定和正常增长机制，在初次分配中兼顾效率和公平，创造机会公平的竞争环境，维护劳动收入的主体地位，着重保护劳动所得。在此基础上，不断完善资本、知识、技术、管理等由要素市场决定的报酬机制。

【名词解释】

“橄榄型社会”“金字塔型社会”

所谓“橄榄型社会”，是指社会阶层结构中，极富极贫的很少，中间阶层却相当庞大。从社会学意义上说，中间阶层的壮大，使得对立的贫富两极成为一个连续性的排列，每一个社会成员都能看到拾级而上的希望，有助于舒缓贫富差距蕴蓄的对立情绪以及由此衍生的一系列社会问题。

“金字塔型社会”是相对于“橄榄型社会”而言的，是一种穷人占绝大多数而富人占少数，同时贫富差距较大的社会结构。

再分配也要兼顾效率和公

▲河北曹妃甸一处海产品养殖区，当地人将土地承包出去集中经营，既挣工资又有分红，走上了致富之路。

平，而且必须更加注重公平，综合运用税收、社会保障、转移支付等手段，建立健全国有资本收益分享和公共资源占用及其收益分配机制。

坚持市场调节和政府调控相结合，提高公共资源配置效率，重点向低收入者倾斜，既要倡导勤劳致富、支持创业创新、保护合法经营所得，也要在社会财富不断增加、综合国力持续增强的同时，普遍提高人民富裕程度。

而且，必须规范收入分配秩序，明确保护合法收入、调节过高收入、清理规范隐性收入、取缔非法收入的基本政策导向。公开透明、公正合理的收入分配秩序，必将为中等收入群体营造更好的发展壮大空间。

第二，必须重视多渠道增加居民财产性收入。依法加强对公民财产权的保护，实行国家依法征收征用补偿原则，依法规范和保障居民拥有使用权的房屋、土地和资源的转让行为，进一步健全保护公民财产权制度，为切实增加居民财产性收入营造公开、公平、公正的法制环境。

第三，必须处理好政府和市场的关系。各级政府应更加重视规范市场秩序和完善制度建设，通过健全法规、调整政策，加强对居民投资租赁行为的服务、指导和规范管理，维持良性运行市场秩序，保护居民合法增收权益。

同时，随着城镇化水平稳步提升和新农村建设逐步深入，农民在拥有和运用土地承包经营权、集体资产股权、农户宅基地用益物权、住房财产权等方面，以及在金融产品和实业等投资领域，都将有更多条件和机会来增加财产性收入，必将为逐步形成“橄榄型”分配格局作出贡献。

要看到，收入差距过大是长期形成的，解决起来也不可能一蹴而就。我国构建“橄榄型”分配格局是一个庞大复杂的系统工程，它与收入分配制度深化改革，经济社会体制的深化改革和经济发展方式、经济结构调整紧密相关，可以说是一个涉及整个社会的变革。因此，更要统筹设计，周密规划，标本兼治，抓住重点，分步改革，渐次推进。

视野延伸

菲律宾：尝到“贫富差距过大”苦果

收入差距过大，财富过于集中，足以给经济发展造成相当的威胁。韩国和菲律宾的对照就是很经典的例子。在1960年前后，两国的许多经济指数相差不多，包括人口、人均GDP、城市化、小学和初中在校人数，可谓起点相同。半个世纪后，韩国经济翻了三番，成为当时的“亚洲四小龙”之一，而菲律宾经济停滞不前，社会动荡不安。主要原因就是韩国的收入和土地分配比菲律宾平均得多，而且两国的基尼系数相差达0.2（0.4为基尼系数警戒线）。跟菲律宾的情况类似，有经济学家认为，拉丁美洲经济发展缓慢，就是因为财富过度集中的缘故。

6 如何通过规范用工制度来保障农民工的薪酬？

农民工已经成为我国产业工人的主体，是国家现代化建设的重要力量。但农民工工资拖欠问题却时有发生，特别是在每年春节临近时，这一问题都会成为社会关注的热点。

虽然劳动部门三令五申不准拖欠农民工工资，《劳动法》也有明确的用工薪酬规定，但由于相关细则和配套制度不健全，直接导致拖欠农民工工资的现象屡禁不止，并给恶意欠薪埋下祸根。

所谓规范用工，就是指在法律的框架下，严格按照法律规定来雇佣劳动力。然而，在现实劳资关系中，诸多法律中明文规定的规范用工制度，都会被无良企业漠视。

多年来，在预防欠薪方面，有关部门先后出台了工资预付制度、黑名单制度、取消包工头、月薪制等一系列辅助措施。在治理欠薪的工作中，也从源头预防到常态化监督上，都有所行动。

实现整治欠薪工作的常态化，包括制度常态化与执行常态化。

制度常态化是制定健全有效的整治欠薪机制，且不能朝令夕改，令违法企业有机可乘。

执行常态化则需要包括人力资源局、住建局、公安局等在内的相关部门加大执行力度，查出违法违规用人单位，并加大对欠薪行为的依法处罚力度。如此，才能对用人单位形成威慑力，使他们不敢轻易违法。

2011年，《中华人民共和国刑法修正案（八）》将“恶意欠薪”正式列罪。2013年，最高人民法院发布司法解释，进一步明确了“恶意欠薪”刑事案件的法律适用标准。

“欠薪入罪”打击了拒不支付劳动报酬犯罪行为，取得了一定成效。随着“欠薪入罪”威慑作用的发挥，以及设立“欠薪应急周转金”、“欠薪保障基金”等一揽子措施的实行，欠薪问题得到了一定控制，但治理仍面临着诸多新难题。

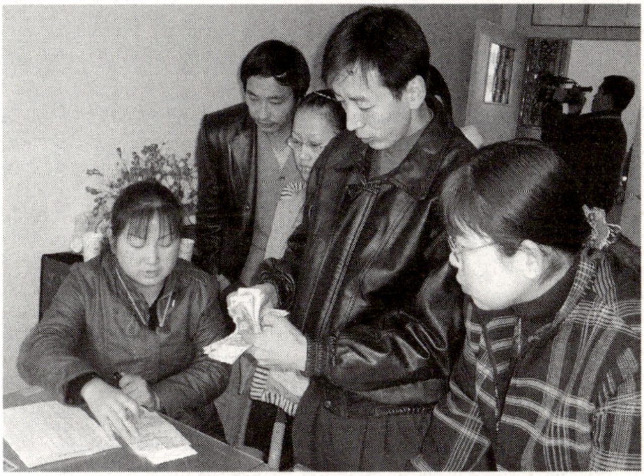

▲治理“欠薪”顽疾，需要多管齐下，标本兼治，勿让农民工流血流汗又流泪。

欠薪顽疾久治不愈，其背后的确存在一定的复杂性。

由于经济增长下行压力加大，部分企业生产经营困难以及建筑施工领域拖欠工程款、用工管理不到位等原因，拖欠农民工工资现象在一些行业、企业还时有发生，案件数量仍然处于高位，劳动密集型加工制造、餐饮服务等行业的企业特别是中小企业拖欠工资问题明显增多。

欠薪问题仍主要发生在工程建设领域。欠薪与拖欠工程款等经济纠纷交织在一起，让问题更加复杂。一方面，对于农民工来说，辛辛苦苦工作了一整年，每个人都想带着一年的血汗钱回家好好过个年；另一方面，一些企业，尤其是建筑领域的企业，存在层层转包、施工单位垫资施工等情况。这些问题久治不愈，是形成农民工工资拖欠问题的重要原因。

“施工单位出现拖欠工资问题，多数是因为经济承包纠纷与劳动纠纷交织在一起，形成了很长的债务链，从而增加了解决欠薪的困难。”人力资源和社会保障部副部长邱小平认为，只有打破这样的“规则”，让经营风险与劳动债权分离，才能更好地解决欠薪问题。

目前，上海、北京等地已要求建筑企业劳务费结算实行月结月清制度，每月支付额不低于本市最低工资标准。“包工头”给农民工每月发一两百元生活费、年底再结算的“年薪制”，由此被终结。

政策传真

国务院印发《关于进一步做好为农民工服务工作的意见》

2014年9月，国务院印发《关于进一步做好为农民工服务工作的意见》（以下简称《意见》）。《意见》提出了四个方面的政策措施。其中，第二条明确：着力维护农民工的劳动保障权益。落实农民工与城镇职工同工同酬原则；扩大农民工参加城镇社会保险覆盖面；实施农民工职业病防治和帮扶行动，保障符合条件的无法追溯用人单位及用人单位无法承担相应责任的农民工职业病患者享受相应的生活和医疗待遇。

/重磅声音/

李克强：要确保农民工按时领到工资

2015年4月8日，国务院印发《关于构建和谐劳动关系的意见》。《意见》指出，切实保障职工取得劳动报酬的权利。完善并落实工资支付规定，健全工资支付监控、工资保证金和欠薪应急周转金制度，探索建立欠薪保障金制度，落实清偿欠薪的施工总承包企业负责制，依法惩处拒不支付劳动报酬等违法犯罪行为，保障职工特别是农民工按时足额领到工资报酬。

2015年4月9日，国务院总理李克强到长春考察，先后前往长春南部新城综合交通枢纽施工现场和长春市灯泡电线有限公司，与正在工作的工人们交谈。李克强表示，农民工不远万里外出打工很不容易，一定要确保他们按时领到工资。

第2章

就业的结构性矛盾如何解决？

近十年来，“就业的结构性矛盾”一词不断被用来描述我国的劳动力市场的就业现状。

目前，我国技能劳动者数量只占全国就业人员总量的19%左右，高技能人才的数量更是只占5%，技能劳动者总量严重不足，无法支持我国产业升级转型。

综合现状可以看到，就业的结构性矛盾就是劳动者充分就业的需求与劳动力总量过大、素质不相适应的矛盾。

政府要化解就业结构性矛盾，首先要致力于建立一个公平竞争的就业环境，扩大社会保障的覆盖范围，促进经济发展，提升就业吸纳力；其次是应该加大对职业教育的战略投入，引入多方面力量来办学，切实从中长期改变技术工人供不应求的局面；再次是要采取灵活多样的方式来加强职业教育和培训。

1 扎堆儿去大城市找工作的现象正常吗？

“看来外地人要想落户大城市越来越难了！”

《国家新型城镇化规划（2014—2020）》在明确“放宽大中城市落户条件”的同时，强调将“严格控制城区人口500万以上特大城市的人口规模”。北京、上海、广州等特大城市不断提高入户门槛，被认为是帮助“体态臃肿”的城市“瘦身”。

目前，北京市有常住人口2114万人，非户籍人口达到802万人；上海市常住人口2415万人，非户籍人口990万人；广州常住人口1283万人，非户籍人口400多万人。

大城市人口究竟为何会如此“扎堆”？

不排除有一部分人是出于虚荣心，觉得留在大城市在亲友面前特别有面子，即便混得不好，甚至住地下室，也宁愿强撑着。因为这里聚集着权力和财富的传奇，建筑现代、交通发达、物质繁荣、医疗水平高超、教育资源丰富、文化氛围

▲北京一招聘会上，众多求职者前来找工作。大学毕业生数量连年创新高，工作越来越难找，这为扎堆挤向大城市的莘莘学子敲响了警钟。

浓厚，有着国际化面貌和机遇。他们留在这里意味着“成功”，离开就意味着“失败”。

但是，更多选择留在大城市的人，是因为能得到更多的就业机会、相对优厚的待遇、广阔的上升空间以及相对公平的竞争环境。有人这样概括大城市的好处——“尽管北京并非不存在不公，但在这里，你随时可以感觉到健康、向上的市场力量——按价论市，给有能力的人提供就业机会，让勤奋的人得到更多的报酬。房子、空气、户口也许让你的生活异常艰辛，但作为一个平民子弟，你无法忽视，在这个城市里打拼，你的前景将更加公平和光明。”

但是，望而生畏的房价，严格的户口限制，让许多人对大城市缺少归属感，生存压力、心理压力都很大。特别是在快速城市化的过程中，一线城市的“移民”环境恶化更加明显。教育、医疗等公共资源提供不足，尤其是向中低收入人群、流动人口提供不足，要在一线城市安居乐业变得越来越难。尤其是对农民工而言，医疗保险跨省份报销和子女在城市继续升学，都并非易事，大城市不断拆除城中村也让房租快速上涨。

越来越多的人口扎堆大城市，已经让大城市染上了公共资源滞后人口膨胀需求的“大城市病”，而解决之道则是发展。不少专家都认同这个观点，即“人口问题的本质是发展问题。长期看，解决城市人口问题，关键是要消除区域发展中的不平衡现象，实现区域均衡协调发展”。当前，我国已经着手破除户籍制度的藩篱，建立统一的城乡居民基本养老保险制度。同时，进入后工业时代，企业开始向成本更低的二、三线城市转移，这些地区对人才的争夺将越发明显。而二、三线城市相对宜居，且功能定位也将更加全面，对人才的吸引力将不断加大。

不管是继续留在“北上广深”等地打拼，还是回到中小城市过安稳日子，每个人都有实现自己梦想和选择自己生活方式的权利。人生本身充满了取舍和决断，调整心态、脚踏实地才是关键。

/政策传真/

国家关于城市落户和城市规划的相关政策

国务院发布《关于进一步推进户籍制度改革的意见》（简称《意见》），《意见》规定，我国将城市按人口分为4个级别，执行不同的落户标准。其中，建制镇、小城市，只要有合法稳定住所，不分租赁还是购买，都全面放开落户条件。中等城市、大城市可对缴纳社保年限提出要求。《意见》指出，一些城市可对社保缴费年限提出要求，但最高要求不得超过五年。此外，针对500万人以上的特大城市，《意见》提出，要严控人口规模，建立透明、完善的积分落户制度。

2 职业教育能缓解就业难问题吗?

“技校就业率高于大学本科硕士就业率”这早已不是新闻。尤其是近两年，一边是职业技术学校高就业率，一边是大学本科、硕士生遭遇“最难就业年”。强烈的对比下，难免让人唏嘘。那么，发展职业教育会成为缓解就业难的灵丹妙药吗?

这个问题的答案几乎是毫无疑问的。与经济发展相适应的职业教育，将极大地缓解我国当前就业的结构性矛盾。

当前，我国经济发展阶段和产业升级转型的现实，迫切需要强化对高素质劳动者和技能型人才的培养。职业教育对产业结构转型升级具有不可低估的促进作用，主要体现在两个方面：其一，职业教育对产业结构高级化具有推动作用。在新兴产业的发展壮大和传统产业的改造中，职业教育可以提供大量应用型技术人才、管理人才和大批熟练技术工人；其二，职业教育的发展有利于产业转移的顺利实现。进入21世纪以后，各国越来越清醒地认识到，经济发展不仅需要普通教育，也需要职业教育。毕竟，以掌握知识为主的普通教育与以掌握技能为主的职业教育，在价值上是等值的。前者是一个国家经济发展水平的标杆，后者是经济发展的基础和秘密武器。

当然，我国高等教育和职业教育的发展很不平衡，从政府投入到全社会的认识，都和我国对职业教育实际需求差别很大。

首先，我国接受职业教育的劳动力占劳动力总人数的比例较低。目前，我国大部分农民工没有经过职业教育与培训，每年还有约600万的农村初中毕业生未能接受普通高中教育。如果这些劳动力直接进入就业岗位，将降低劳动者的整体素质水平。

其次，我国技能劳动者严重不足。目前，我国技能劳动者只占到劳动者总量的19%左右，高技能人才的数量更是只占到5%。技能劳动者的求人倍率（劳动力市场在一个统计周期内有效需求人数与有效求职人数之比）一直在1.5：1以上，高

▲浙江传化集团定期对青年骨干进行培训，拓展他们的发展空间。

级技工的求人倍率更是达到2：1以上。显然，技工短缺的现象非常突出，而且正逐步从东南沿海向内地延伸，从季节性短缺演变为经常性短缺。

未来二三十年内，我国劳动力规模都将保持在8亿人以上，就业总量压力长期存在。与此同时，结构性矛盾越来越突出，“就业难”与“招工难”并存的现象愈加凸显。加强职业教育是解决就业总量矛盾、缓解就业结构性矛盾最有效的举措，这已经在全社会都形成了共识。

从国家发展层面来看，我国要实现由工业大国向工业强国的转变，也要抓住发展职业教育这个关键点。只有全面提升广大劳动者的职业素质，加快培养数以亿计的工程师、高级技工和高素质职业人才，才能推动经济提质增效升级。

从劳动者自身利益来看，加强职业教育和培训是促进劳动者就业创业、实现生活改善最现实的途径。比如，农民工中接受过职业技能培训的仅占30%，缺乏技能成为影响他们融入城市、成为新型产业工人的重要障碍。加强农村新成长劳动力的职业教育和农民工职业技能培训，把农民工打造成一支高素质的产业工人队伍，对于促进农民工转移就业、增加收入、提高劳动密集型企业竞争力、提升产业结构都极具促进作用。

截至2013年年底，全国共有技工院校2882所，在校

【名词解释】

职业教育

职业教育是指让受教育者获得某种职业或生产劳动所需要的职业知识、技能和职业道德的教育。如对职工的就业前培训、对下岗职工的再就业培训等各种职业培训以及各种职业高中、中专、技校等职业学校教育等都属于职业教育。职业教育的目的是培养应用人才和具有一定文化水平和专业知识技能的劳动者，与普通高等教育和成人教育相比较，职业教育侧重于实践技能和实际工作能力的培养。

生386.6万人，就业率一直保持在96%以上，一大批骨干学校毕业生就业率达到100%。技工院校70%以上的学生来自农村，是将农村转移劳动力培养成为新兴产业大军的摇篮。

不过，让人遗憾的是，虽然当前“硕士学士求职满街跑，技工人才不好找”，但是和我国对技能人才求贤若渴的实际需求相比，技工教育在全社会显得缺乏吸引力，“聪明孩子上大学，笨孩子学技术”的社会观念长久难以得到改变。其中，一个重要原因是技术工人的经济待遇、社会地位不高，导致人们不愿意当工人，不愿意从事生产和服务等一线工作，进而不愿意接受职业教育。解决这一问题，必须着力提高一线技术工人的待遇，用较高的收入水平、稳定和高质量的就业等市场机制，来引导全社会重视职业教育，引导青年人选择职业教育。

视野延伸

国外职业教育面面观

从国际经验来看，构建开放、灵活、多元化且相对完整的职业教育体系，已成为世界职业教育发展的主要趋势。瑞士已建立涵盖学士甚至硕士层次的完整的职业教育体系；俄罗斯将九年义务教育后的职业教育分为初等、中等、高等和大学后四个层次；我国台湾地区已建成一个由高级职业学校、专科学校、技术学院、科技大学、研究所五个层次构成的职业教育体系。

美国职业教育的实施机构主要是综合高中和社区学院，社区学院是美国职业教育体系的一大特色。美国职业教育培训的人才是“宽专多能型”，这与其社会特征是相吻合的。其培养模式主要是CBE模式，CBE（Competency based education）是指以能力为基础的教育，现在广泛应用于美国、加拿大等北美的职业教育中。

德国职业教育的核心是著名的“双元制”，它被人们称为德国职业教育的秘密武器。“双元制”是一种国家立法支持、校企合作共建的办学制度。“双元制”中的一元是指职业学校，其主要职能是传授与职业有关的专业知识；另一元是企业或公共事业单位等校外实训场所，其主要职能是让学生在企业里接受职业技能方面的专业培训。这种形式的学习被人们称为“双元制”。

3 涨薪能解决用工荒吗？

2011年，91%的制造业企业都实施了工人涨薪计划，平均涨薪幅达到13%。但制造业工人离职率高达35.6%，高居11个受访行业之首。

复旦大学管理学院和正略钧策商业数据中心联合发布的《2012年度中国薪酬白皮书》揭示了这一“怪现象”。事实上，这意味着钱已经不能解决中国式的“用工荒”，必须要有新思路。

2004年，珠江三角洲地区就开始出现以“民工荒”为表现形式的劳动力短缺。随后，扩大到长江三角洲地区，进而蔓延到中部等劳动力输出省份，成为遍及全国的普遍现象。2008年国际金融危机后有所缓和，但2009年金融危机再次卷土重来。此后，劳动力短缺现象，没有再中断过。

当前，除了长三角、珠三角地区仍然需要大量劳动力外，内陆和中西部制造业的起飞，也在呼唤更多劳动力。可是，在当前中国的人口结构中，40岁的中青年劳动力呈下降趋势。在全国参与“争抢”劳动力的情况下，“招工难”与“用工荒”已从沿海蔓延到内陆，“涨薪”成为多数企业留人的第一反应。

▲春节前，北京出现“用工荒”，即使开出高薪，也很难招到工人。

《2013年珠三角制造业薪酬福利调研报告》显示，珠三角制造业企业2013年整体调薪幅度在11.9%，其中江门的调薪涨幅最高，达到14.2%，高于广深地区2.7个百分点。从企业各层级的调薪情况来看，一线生产服务人员调薪幅度是15.4%，专业技术人员的调薪幅度是12.8%，高于其他层级的员工。

事实上，如果只靠“涨薪”留人，必然会在一定程度上导致企业制造成本增加。宏观经济专家指出，农民工占制造业工人的75%以上。近年来，农民工工资的持续快速增长，意味着中国制造业的成本正在急剧上升。这将导致“中国制造”优势消失，国际竞争力下降，这对中国经济转型提出了严峻挑战。

另一方面，单纯“涨薪”并不能解决大量外来劳动力无法融入当地社会的困惑。特别是当“80后”“90后”正在成为制造业工人的“主力军”时，只靠“多发钱”来防止劳动力的流失恐怕很难奏效了，因为这一代工人更看重的是上升的空间，以及如何真正融入他们打工的城市。全国妇联发布的调查显示，新生代农民工有六成人会因为“工资比较低”离开原工作单位，而近四成人会因为“没有发展机会”“影响健康”等原因选择离开原工作单位。他们会在多个工作单位和城市间频繁流动，甚至选择回家乡择业，导致企业招工难。

在涨薪这种纯企业手段无法吸引青年劳动者的时候，企业必须正视青年劳动者不同于父辈的需求。企业的管理创新必须提上日程，不能再用管理第一代工人的方式来管新生代农民工，必须去了解员工真正需要什么，拓展员工向上流动或者横向流动的空间，引进奖励机制。同时，企业必须加强升级转型，注重改善劳动条件，遵纪守法，完善劳动法规在企业的落实和执行。

企业还必须认识到，涨薪也无法缓解劳动力总量的“用工荒”，从劳动力供应总量来说，随着老龄化社会的到来，未来劳动力的总量是逐步下降的，企业必须通过升级换代、提高生产效率、改善用工环境等措施来降低对人口红利的依赖。

同时，政府也应在“用工荒”问题上有所作为：加大职业教育和职业培训的投入力度，让农村年轻人有更多就业能力；在户籍、子女教育等对新生代农民工更具吸引力的方面做好服务等。

/数据说话/

农民工数量和工资都在不断上涨

2013年，中国农民工总量2.69亿人，人均月收入2609元，较2012年涨薪13.9%，这已是2010年来连续第四年保持两位数的工资增速。专家指出，未来，随着中国劳动人口的绝对下降，农民工工资将持续快速增长。

据国家统计局数据计算，2009年至2013年，农民工工资增速分别为5.7%、19.3%、21.2%、11.8%、13.9%。2010年后，每年工资涨幅都超过两位数。2011年增速高达21.2%，2012年、2013年则有所回落。

/视野延伸/

机器人替代人可能是未来制造业发展的趋势

为了应对用工荒，中国2013年购买了世界1/5的机器人，中国进口机器人数量已据全球第一。很快，机器人将要在某些工艺和工种上替代技术工人进行操作，届时，将会有更多工人失业。富士康的郭台铭就提出“以机器人实现无人化工厂”的构想，预计到2014年至2015年期间能够实现每年100万台机器人的生产规模，到2016年则计划成为全球最大的智能化机器人生产基地，实现产值突破500亿元。机器人替代人可能是未来制造业发展的趋势。

4 怎么才能保障农民工的就业权益？

在经济增速放缓的新常态下，对于农民工来说，可能最重要的就是就业——“饭碗保卫战”的问题。

当前，农民工的就业规模持续扩大。国务院农民工工作领导小组办公室主任、人社部副部长杨志明透露，截至2014年，我国农民工达到了2.74亿人，比2013年增加了501万人，增幅1.9%；其中外出农民工1.68亿人。另一方面，很多农民工属于中低端劳动者，技术性专业性不太强，在就业市场上的博弈能力较弱。以2014年数据为例，外出农民工的月平均收入是2864元，比上年增加255元，增长9.8%，增长幅度对比往年，有所放缓。同时，2014年欠薪问题有所反弹，问题多发生在工程建设领域和困难企业。可以说，目前我国农民工就业增长放缓，就业、招工两难已经成为常态。

农民工的就业福祉一直得到党中央和国务院高度重视。习近平总书记2013年2月在看望慰问坚守岗位的一线劳动者时强调：农民工是改革开放以来涌现出的一支新型劳动大军，是建设国家的重要力量，全社会一定要关心农民工、关爱农民工。就业权是农民工安身立命之本，在就业权益的保障上，这一庞大的求职群体能够享受到哪些有针对性的服务显得非常重要。

▲浙江一企业对工人进行培训，只有不断提高工人素质，才能实现保护职工权益和企业发展的“双赢”。

杨志明表示，农民工“就业难”和“招工难”并存的结构性矛盾是市场选择的结果，普通工就业难反映了农民工供给的局限性，技工招工难则反映了产业升级中技能人才的短缺性。

【名词解释】

体面劳动

“体面劳动”是指通过促进就业、加强社会保障、维护劳动者基本权益，以及开展政府、企业组织和工会三方的协商对话，来保证广大劳动者在自由、公正、安全和有尊严的条件下工作。对劳动者来说，就业不仅是获得一份工作，而是获得一个能充分发挥其生产技能和得到尊重的职位。体面劳动和尊严生活两者相辅相成。目前已经获得广泛的认可。

从数据来看，农民工劳动力资源不再是取之不尽的蓄水池。从2010年新增农民工就业达到1240万人后，出现了总量增长、增速下降的变化，2014年新增农民工就业仅增长1.9%，中西部快于东部。招工难正从东部向中西部扩展，从以往春节过后的集中性向全年发展。

“伴随‘两难’产生的问题就是农民工工资收入增速放缓，由往年大幅增长转入逐年下降。”杨志明介绍说，进入“十二五”以来，劳动力成本基本保持20%左右的增长，但2014年仅增长了9.8%，增幅下降到个位数。

“解决‘两难’的关键在提升农民工技能，这是我国经济结构战略性调整的关键所在、当务之急。”杨志明说，李克强总理在政府工作报告中提到，2015年要实施农民工技能提升计划，要对2000多万名农民工进行技能培训，其中1000多万人是新转移的劳动力；1000多万人实现技能提升，由初级工到中级工、高级工，最终成长为技师和高级技师。到2020年，使农民工都能够享受一次政府补贴的技能培训，这样就能基本消除无技能上岗的现象。

事实上，有关部门正在从三个方面加大工作力度，促进农民工扩大和稳定就业。

一是实施农民工技能提升计划。到2020年，基本上使农民工都能享受一次有政府补贴的技能培训，进一步提高农村转移劳动力的就业创业能力，使农民工大部分由普工成长为技工，有条件的成长为高级技工，优秀的还可以成长为技师。

二是大力发展农民工就业容量大的第三产业、中小企业和劳动密集型产业，实现农民工就业规模的持续扩大。多渠道加强农民工就业服务，努力为农民工办实事。

三是实现农民工就业信息全国联网，为农民工提供免费的就业信息和政策咨询，为建设中国特色的农业劳动力转移道路持续作出贡献。

除了难匹配到合适的岗位，欠薪也是农民工就业过程中的突出问题。积极应对突发性、集体性劳动争议，维护农民工合法收入权益也是就业权益保障的一个重要方面。各级各部门还积极开展涉及农民工的劳动关系矛盾纠纷排查，指导企业依法妥善处理农民工劳动关系。积极促进企业改善农民工劳动条件。在人社部和公安部等部门联合开展的农民工工资支付情况专项检查中，2014年一共为212.6万名农民工补发被拖欠工资以及赔偿金155.18亿元，同时向公安机关移送涉嫌恶意欠薪犯罪案件1790件。并且，以小微企业为重点，将劳动合同签订水平作为劳动保障检查执法的重点，努力将农民工的劳动合同签订水平提高到一个更高的水平上。

此外，在完善农民工就业的配套措施落实上，也有制度上托底。数据显示，在推进农民工在城镇落户的这个方面，目前已经有河北、山东、河南等8个省区出台了关于这个《推进户籍制度改革意见》的具体实施办法。在农民工的子女教育方面，2014年中央财政是安排了农民工随迁子女义务教育奖励资金99.62亿元，这个随迁子女在公办学校上学比例已经达到了80%，有28个省份的5.6万名符合条件的随迁子女是在当地参加了高考。

除了这些就业保障政策之外，我们还应该看到，当前农民工就业保障中重数量、轻质量的现象比较严重。其典型表现是，不顾农民工的就业环境和状况是好是坏、劳动保护是否到位、劳动关系是否和谐，导致农民工就业质量低下，往往引发工伤事故频发、劳动纠纷不断，就业稳定性差。因此，有专家认为，在农民工就业权益保障中，加强劳动法律法规的落实和监督，实现体面就业，政府有义不容辞的责任。

现象透析

城镇化要提高农民工在城市的适应能力

美国经济学家米凯·吉瑟研究证明，在乡村地区，教育水平每提高10%，就会多诱导6%～7%的农民迁出农业。提高受教育水平是确保农村剩余劳动力有序转移的一项有效措施。

随着我国城市化的推进，每年1%城市化率的提高，意味着我国每年有1000万以上的农村剩余劳动力进入城市，这些剩余劳动力要在城市生活、谋业，就要通过职业教育与培训提高他们的就业能力和城市适应能力。

具体而言，对农村剩余劳动力实施必要的职业教育和培训，可以促使他们具有进城务工所需要的一技之长，提高他们生存和发展的能力；可以促进转移农民再社会化，促使他们养成适应城市社会需要的行为习惯、价值观念和社会情感；可以促进转移农民生活方式的改变，促使他们适应城市社会的居住环境、城市生态和城市生活条件。

5 怎么才能让技术工人更有尊严?

当我们还在讨论如何让“技术工人”更有尊严时，外国人已经瞄准了我们的技术工人。2014年5月，中加经济论坛上，加拿大驻华大使赵朴直言：未来十年到二十年，随着加拿大基建规模加大，除了培训本国年轻人掌握相关技术外，加拿大也需要外国工人。考虑到中国将来或成为加拿大油气资源的进口大国，以及中国巨大的人口规模和劳动力市场，如果加拿大从外国引入能源基建工人，预计很大一部分将来自中国。

而对中国的技术工人来说，走出国门赚外汇，使得身怀技术的工人有了更多的选择。而这样的信息，对国内的企业来说，或许并不算是好消息。

每年春节过后，各地用工荒直接的表现就是对技术工人的渴望。2014年全国两会期间，全国人大代表、安徽中鼎橡塑制品有限公司总经理夏玉洁就曾对媒体表示，春节前后，他最重要的工作就是“寻找工人”，“最难招的是高管和一线

▲老、中、青三代劳模齐聚一堂，传承劳模精神。他们凭借自身的技术，赢得社会认可和尊重。

员工”。

“尤其是技工，我们集团这么多年中，想招一个满意的一级钳工都很难。”身处制造行业，夏玉洁对此深有体会，“留住技工也越来越难”。过去，企业屡试不爽的涨薪策略，近年来也略显颓势，“这与技工地位不高，上升通道有限都有关系”。

快递员或建筑工人月薪过万，一度成为社会关注的热门话题。但媒体调查之后却发现，与高收入相比，他们付出比常人更多的辛苦，却并未获得更多社会地位的提升。

无论是一线技术工人的短缺，还是大城市中底层劳动者劳动报酬要价的不断攀升，都指向了同一个问题——劳动者的尊严并未通过收入的增长而获得。

职业虽然没有高低贵贱之分，技工工资也不低，却始终给人以一种辛苦、脏累的工作印象，而且“出师”时间长。频频拉响的用工警报从一定程度上说明，让技术工人“名利”双收，让他们真正体验到受尊敬的自身价值和完善的利益保障、社会保障才是最为重要的。

“如果国家需要更多的年轻人走上这样一个岗位，就要给他们发展的空间和上升的通道，否则一个年轻人选择这样一个职业十几二十年都是一个样，会让他们丧失对职业未来的信心。”夏玉洁说。

在计划经济年代，工人被称为“老大哥”，社会地位较高。然而，随着时代发展，工人的地位连年下降，成为付出最多却收获偏低的人群。现实是，在工厂内部，从事技术性的工人想走上管理层非常困难，因为工人身份在很多企业是不列为干部培养对象的。工人的上升通道问题，成为阻碍人才进入企业的重要原因。

尊严的获得，不仅仅是薪水的不断增加，更来自于个人价值的社会认同。在严重的技工荒面前，各地也在努力为技术工人构建更顺畅的上升通道。

2014年1月，广西人力资源和社会保障厅宣布，广西正在酝酿职称制度改革，建立评价机制，让生产一线的技术工人也能评职称。此前，全国还未有先例。广西社保厅负责人直言，此举就是为了让技术工人不仅能体现其个人的社会价值和人生价值，也能够增强技术工人的自信心和职业发展的信心。

除了对劳动者具体利益上的保障，在全社会范围内营造劳动光荣的舆论氛围和认识，在每个人心中扎下诚实劳动可敬可爱的种子，也是消除“歧视”，引导正确价值观的一种无形力量。

2014年7月21日，中共中央政治局委员、中华全国总工会主席李建国在北京看望了参加2014年劳模休养活动的首批200多位劳动模范，并向他们致以崇高的敬意和诚挚的问候。这是一年一度由全国总工会组织的定期活动，旨在营造尊重劳动、赞美劳动的社会氛围。2014年，全总组织8000名劳模参加休养活动，重点安排生产一线特别是工作条件艰苦、劳动强度大的劳模。全国总工会还宣布，预计5年内将组织4.7万名劳模参加休养。

/重磅声音/

习近平：劳动是财富的源泉

2013年4月28日，习近平总书记在同全国劳动模范代表座谈时的重要讲话中指出，“劳动是财富的源泉，也是幸福的源泉。”习近平总书记强调，一定要坚持崇尚劳动，造福劳动者，牢固树立劳动最光荣、劳动最崇高、劳动最伟大、劳动最美丽的观念，“全社会都要热爱劳动，以辛勤劳动为荣，以好逸恶劳为耻”。

/政策传真/

劳模休养计划向生产一线的劳模倾斜

全国总工会《劳模休养五年计划（2014-2018年）》中提出，推动各级工会普遍开展劳模休养活动，做大做强工会劳模休养工作品牌，切实把党和政府及工会组织对劳模的关怀落到实处。

特别值得关注的是，全总制订的劳模休养计划，将向生产一线特别是条件艰苦、劳动强度大，以及在重大工程和重点科研项目中成绩突出的劳模倾斜。

参加2014年首批休养的劳模，就有一大批电焊工、邮递员、侦查员、农艺师等，扩大了政策的惠普覆盖面，让更多的劳动者有机会体验到党和政府对劳动的尊重，对劳动者的关怀。

6 如何让职业教育享受到互联网服务？

苹果公司颠覆了手机行业，而移动互联网的普及，进一步加剧了各行各业的洗牌与颠覆性变革。

“要有互联网思维”，这几乎是当下最时髦的一句话。

无须深究什么是互联网思维，单看互联网对不同行业的颠覆案例，就已经可以让人们对职业教育与互联网之间的联系，脑洞大开，充满想象。

教育真的只能是面对面的传道授业解惑吗？传统的教育理念，在互联网时代，尤其在移动互联时代，真的需要认真思考了。互联网对经济社会文化形态的影响程度，远远超出人们的常规判断。就教育领域而言，人们的学习方式、学习形态、学习对象、学习目的等都已发生深刻变化。

美国纽约金融学院院长李阿瑟先生做客新华网时提到，当今美国，有不少青年人不愿意坐在教室里花几年时间学习一些使用价值有限的知识，他们更愿意通过互联网，搜寻并接受个性化的课程，并通过不固定时间、不固定地点的自由而灵活的在线学习掌握知识和技能。对于这种学习方式改变的敏锐把握以及适应，是李阿瑟院长领导的纽约金融学院成为全美优秀的教育机构、成为“华尔街培训学校”的重要原因之一。

回到国内，各大门户网站也大多推出了自己的“在线教育”频道，让人们有了接触世界名校课堂的机会。

回到职业教育这一块，相较于基础教育、高等教育，职业教育对动手能力、实践能力的要求更加突出，试图将职业教育搬上互联网，的确存在一定的难度。事物的两面性，总是让人在最大的短板中看到最大的优势。职业教育的互联网化，也是如此。

近年来，职业教育在我国政府的重视下取得了较大发展，但存在的问题也显而易见。比如说，教师队伍的数量、质量与结构不能满足技能人才的培养需求；职业院校与企业紧密联系的机制尚未形成；经费投入严重不足等。

▲北京一企业通过互联网对职工进行培训。现代信息技术的发展，为职工成才提供了一条捷径。

在线教育的特点在于，一个优秀的教师，理论上能够指导每一个有学习意愿的个体，让课堂从时间和空间的局限性中解脱出来，方便学习者随时学习，理论上可以弥补目前职业教育在人才、经费上的不足。灵活、方便、个性化，这些更加突出的特质，令职业教育的互联网化充满了可以预见的前景。

实际上，目前，全国已经有不少职业教育的互联网企业正在这一领域中探索。职业教育互联网化蕴含的价值潜力，正在被越来越多的企业发现。

统计数据显示，2.6亿农民工中的大多数人，并未经过专业系统的职业教育，而随着智能手机的普及，这一群体的上网时长却在加大。这也为他们通过互联网实现职业教育培训，提供了可能。

职业教育互联网化的潜力，无须赘言。这是最好的时代，谁能在这一领域弯道超车，需要的只是时间。

/数据说话/

职业教育用户占在线教育用户的38.6%

艾瑞咨询发布的《2014年中国在线教育行业发展报告》显示，国内在线教育用户中，职业教育用户占比高达38.6%。据天拓咨询估计，我国在线教育目前市场规模在1000亿元左右，2017年在线教育市场规模将达到3000亿元。

7 如何保证职工的教育经费用到职工身上？

职工教育经费是指企业按工资总额的一定比例提取用于职工教育事业的一项费用，是企业为职工学习先进技术和提高文化水平而支付的费用。提取的职工教育经费是企业的一项流动负债，职工教育经费的提取和使用在“应付职工薪酬”账户进行核算。

一般企业按照职工工资总额的1.5%足额提取教育培训经费，从业人员技术要求高、培训任务重、经济效益较好的企业，可按2.5%提取，列入成本开支。

根据财政部、全国总工会等11个部门联合印发的《关于企业职工教育经费提取与使用管理的意见》（财建〔2006〕317号），职工教育培训经费必须专款专用，面向全体职工开展教育培训，特别是要加强各类高校技能人才的培养。具体列支范围包括：上岗和转岗培训；各类岗位适应性培训；岗位培训、职业技术等级培训、高技能人才培训；专业技术人员继续教育；特种作业人员培训；企业组织的职工外送培训的经费支出；职工参加的职业技能鉴定、职业资格认证等经费支出；购置教学设备与设施；职工岗位自学成才奖励费用；职工教育培训管理费用；有关职工教育的其他开支。

按照上述规定，职工教育经费是有基本保障的。然而，这部分钱如何花、怎么花好，一直是个问题。

早在2011年，广州市就出台相关规定，要求职工教育经费纳入厂务公开范围。广州市总工会不断创新学习载体，丰富学习内容，活跃学习形式，构建广州职工教育网、职工书屋、农民工业余学校等职工提高素质平台。

从广州市的经验可以看到，保障国家对职工教育的经费投入，需要工会组织的牵头引领，以具体而多元的活动为载体，适应职工素质提升的现实需求，切实将教育经费真正用在职工身上。

2013年，面对产业转型升级需求与人力资源现状，苏州市政府发挥政府公共投资的示范性作用，各市、区都出台了高技能人才队伍建设意见，设立了培养专项资

▲北京一企业的职工图书阅览室。对职工教育加大投入可以取得事半功倍的效果。

金。明确要求企业加大职业技能培训的投入，确保职工教育经费60%以上用于一线职工的教育培训。

随着市场经济的逐步深化，我国人口红利趋降、环境保护、资源节能等外在客观压力的存在，产业内转型升级压力随之而来，令职工教育培训的课题显得更加紧迫而重要。

2014年以来，一股智能装备替换劳动力投入的“机器换人”热潮，在政府的大力推动下，正在席卷浙江、广东、江苏、福建等制造业发达地区。美的、富士康、徐福记等行业龙头企业纷纷宣布“机器工人”上岗时间表，顺德骄傲地宣称未来三五年将出现机器人占领的“无人工厂”，浙江省雄心勃勃地推进每年5000个“机器换人”项目……

不过，从目前来看，机器人所替代的大部分是简单劳动，而且是劳动力市场供应最短缺的部分，机器换人主要是解决了局部地区劳动力供给不足的问题。随着机器人的大面积使用，对能够维护、维修机器人的高技能人才的短缺，将会成为下一轮产业升级中职工教育培训的重点。

不言而喻，懂得管理、集成、维修机器人的专业人才将成为企业高薪争抢的“香饽饽”，而单一操作机器的工人则会沦为车间的最底层劳动力。基层工会组织在组织技术培训等方面存在优势，能为学校与企业之间搭桥，结合双方优势，为人才提供理论培训与实践平台，不断地帮助工人提高自身的技术素质，适应新产业发展的需求。

需要注意的是，在反腐败的高压态势下，政府部门对发放福利的管理日趋严格。然而，在实际工作中，如何界定“福利”界限，一些问题需要理清。其中，根据财政部2009年下发的《关于企业加强职工福利费财务管理的通知》称，企业职工福利费是指企业为职工提供的除职工工资、奖金、津贴、纳入工资总额管理的补贴、职工教育经费、社会保险费和补充养老保险费（年金）、补充医疗保险费及住房公积金以外的福利待遇支出，包括非货币性集体福利以及各项现金补贴。可见，职工教育经费属于企业的正常开支。

动态剪影

福建多地出台优惠政策鼓励企业开展员工技能培训

2014年，福建省许多地方政府部门都出台了优惠政策鼓励企业开展员工技能培训。厦门市公布了急需（紧缺）技术工种，符合政策规定条件的人员，参加这92类急需（紧缺）工种的培训，每人最高可享受到1600元的培训补贴。同时，一些企业与职业学校联合办学，结合双方优势，为人才提供理论培训与实践平台。

第3章

“看病难”何时了？

2009年1月，国务院常务会议通过《关于深化医药卫生体制改革的意见》和《2009~2011年深化医药卫生体制改革实施方案》，新一轮医改方案正式出台。这是一部为了建立中国特色的医药卫生体制，逐步实现人人享有基本医疗卫生服务远大目标的纲领性文件。

随后的4年间，在坚持医院公益性的基础上，新医改全面起航。然而，破解百姓“看病难、看病贵”的问题，并不是一蹴而就的小事，其中，很大的一个症结就是医疗资源的配置问题。城乡不均、地区不均，即便在同一个地方，医疗资源严重不足和资源浪费的现象也经常同时存在。在全民医保的目标之下，如何让资源分配更合理，如何让老百姓看病有序进行，正是眼下各地政府推进医改的重点。

1 挂号为什么这么难?

挂号难，主要表现在大城市的大医院，在二三线城市，挂号难的矛盾并不突出。挂号难的实质问题就是老百姓生病了要顺利地到医院挂上号、找医生看病不容易。

表面看，是一号难求，背后却是我国医疗资源分配不均衡导致的畸形表现。

以北京为例，距离北京城十多公里的河北省燕郊，并不是没有三级医院。刚刚跨过北京和河北交界的潮白河，就有一座投资30亿元建成的河北燕达国际医院，这是河北省唯一一家民营三级综合性医院。尽管该医院已经正式运营达3年半，但是前来就诊的患者却寥寥无几。与此形成鲜明对比的是，日均70万外地患者赴京看病，其中，河北省赴京就医人员约占23%。

河北燕达国际医院的收费并不高，医院的医疗设备也相当高端，为何没有患者来呢？有记者调查发现，主要是由于医院没有专家和知名医生。

▲北京协和医院挂号窗前的排队长龙。看病难，第一步就难在了挂号。

这样的现象，在全国都很普遍。农村人看病往城里跑，城里人看病往省城跑，省城人看病往北京跑……对有条件的患者来说，在可贵的健康面前，宁愿多花钱，也希望获得更为优质的医疗服务，这是人之常情，却也造成了目前北京各三甲医院不堪重负、一号难求的现象。

走廊里挂吊瓶、走廊里睡觉、角落里到处可见“加塞”的病床……在北京、上海、广州等一线城市，随便走进几家三甲医院，这样的情景随处可见。看病前一号难求，看病后一床难求，这样一层一层的难，最终给人造成了“看病难”的切肤感受。

一项调查数据显示，截止到2012年，全国公立医院122.6万名医师，1624家三级医院拥有约53万名医师，而6566家二级医院只有61万多名医师。

有专家表示，我国看病难、看病贵并非因为公立医院不够大、不够多，而是结构性资源供给不足。公立医院几乎垄断了先进医疗设备和好医生，优质医疗资源都集中在大城市大医院、公立医院。而小城市、小医院医疗资源明显不足，这样导致病人大量地向大城市大医院、公立医院集中。

一边是人们扎堆大医院，大医院资源紧缺；另一边是大医院加紧扩张步伐，床位、设备扩张速度跟进容易。但优质医师软实力提升扩张，并非一朝一夕之功。过度扩张，医护数量、质量跟不上，会增加差错、事故的概率，而一些医院的培训医生甚至实习生都开始上阵，直接降低了医疗质量。

中国研究型医院学会会长王发强曾直截了当地表示，看病难、看病贵其实是个伪问题，好的医院大小病都看，就算增加1万张床也解决不了问题。关键是要提高各级医院的医疗水平，同时，让民营医院顶上去。

来自河南省卫计委的统计显示，河南省卫生技术人员中，超过九成的研究生学历、超过七成的高级职称人员都集中在城市医院。基层医院建得再好，没“人”也吸引不了患者。

因此，导致老百姓看病难的直接原因是，虽然我国的医疗资源总体过剩，但我国医疗资源和病人资源一直分布极不合理：一是纵向（即在城乡之间）分布不合理；二是横向（即在城市大小医院之间）分布不合理。可见根源在于医疗资源不均衡。因此，解决挂号难、看病难的根本出路在于更为合理地分配医疗资源。

/ 政策传真 /

严格控制公立医院的建设规模

2014年6月，国家卫生计生委下发了《关于控制公立医院规模过快扩张的紧急通知》。《通知》明确提到，在《全国医疗卫生服务规划纲要（2015-2020年）》发布前，各地要暂停审批公立医院新增床位，已经审批的，要严格按照批复规模建设，严禁擅自增加床位，扩大建设规模。

/ 数据说话 /

县级公立医院中有资产负债的占比较高

来自国家卫计委的权威数据显示，在全国的5311家县级公立医院中，36.7%的医院存在资产负债，为有资产负债数据统计以来的最高值，其中基本建设和设备负债占73%。2010年，南方医科大学立项一个医改研究课题，调查出来的结果惊人，全省192家县级医院中，没有负债的仅有4家，占总数的2.08%。这188家负债的县级医院可谓债台高筑，平均负债额度达到4826万元，其中负债最高的一家医院超过10亿元。

2 医生为什么爱开高价药？低价药去哪儿了？

曾几何时，一则新闻在医卫界引起了关注——

内蒙古自治区包头市第六医院7名医生在看病过程中推销药品收取高额回扣，共涉嫌收取药品回扣200多万元，因涉嫌渎职罪被包头市东河区人民检察院批准逮捕。

据检察机关介绍，一些医药代表向包头市第六医院医生推销药品的过程中，按照销售药品总量给予开药的医生每盒药5元至25元左右不等的回扣。为了拿到更多的回扣，该院医生大都向病人推荐具有回扣的高价药。而这些回扣无形中就转嫁到了患者头上，造成了药价长期居高不下。据了解，7名医生中收受药品回扣最高者达到70多万元。

在紧张的医患关系中，医生开出大处方，或者爱开高价药，都成为老百姓抱怨看病贵的原因之一。

当我们质问医生为什么爱开高价药时，最直接的回答便是：个别医生的职业道德失范，自律不够，在医药代表高额回扣的利益诱惑下，没能严格要求自己，造成了从失小德到构成犯罪的滑坡。包头这7名医生被法律制裁的案例，正是对这一领域中存在的职务腐败者敲响了警钟。

然而，除了个别医师的自律不强，有关药品价格一直居高不下的现实难题依然存在。

家住长沙城南的张女士因脸上皮肤过敏，到楼下药房买维E。一问价格，每盒120元。“这是进口药，效果很好！也有国产的，60多元一盒，不过效果没有这好！”药剂师说。

张女士跑了好几个药房，都没有找到基本药物目录中不到10元一盒的维E。

像这种低价药失踪的现象并不鲜见。在媒体的诸多调查报道中可见，一些用于急救或治疗感冒、老年病、结石和风湿等疾病的低价基本药物经常一药难求。

一位医学专家直言：市面上部分低价基本药物的“消失”，主要是因为药品

▲药价虚高是导致看病贵的重要原因。

价格低廉，药企无利润空间所致。一位药企人士也坦言，公司中标了国家基本药物目录中的11个品种，但放弃了6个。药品价格太低，如果按标准生产连成本都收不回，如板蓝根、阿司匹林肠溶片、蛇胆川贝液等，中标价格比生产成本还低。

对于患者来说，感觉低价药消失了，主要是那些国产老药消失了。其消失原因包括两个方面，一是在临床应用上不如新药而被淘汰，二是生存空间受到医院药品加成制度的挤压。药品在中标价的基础上，顺价加成10%~15%，药价越高，医院获得的收入就越高。医院加不上价的低价药，自然不愿再进，医生也无低价药可开。

面对药价攀高，国家发改委出台药品限定最高零售价的举措。然而，随之而来是，在利润走低的情况下，厂家不再生产那些被限价的低价药，低价药在市场逐步消失。近年来，在药品招标采购制度下，一些药品的“名义”价格一降再降。但是，政府的限价和厂家的竞相压价，非但没有“治愈”药价虚高，反而把许多价廉物美的低价药挤出了市场。低价药长期“一药难求”甚至是“玩失踪”，已成为困扰病患的大问题。

2014年7月，国家发改委印发通知，要求改进低价药品价格管理方式，取消低价药品的最高零售限价，在日均费用标准内，生产经营者可根据生产成本和市场供求状况确定低价药品价格。发改委同时公布了相关低价药品清单，涉及530个品种。

取消对低价药的限价，引入更多的市场因素，显然是监管部门吸取教训的结果。

要保障低价基本药物的充足供应，相关部门应定期对临床紧缺、脱销药品开展研究和评估，摸清需求，商定生产企业名单。对利润较低但确有需求的药品，采取相应的优惠政策，如由物价部门在药品定价方面出台支持措施、酌情调价，对生产企业适当减免税收等，不要让市场“淘汰”疗效好的低价药物。

在这里，必须了解的一个背景是，我国医药不分、以药养医的现状，是造成老百姓看病难、看病贵、医患矛盾紧张等诸多问题的重要原因。医改一日未能改革医药不分家的根本弊端，百姓看病贵、看病难的现状就依然存在。

/政策传真/

改革低价药品价格管理方式

2000年以来，发改委结合国家基本医疗保险用药目录调整，对有关药品的最高零售限价先后进行了三轮调整。

发改委有关负责人表示，近年来，在药品生产成本不断上升的背景下，盈利相对薄弱的低价药品难以消化上涨压力。与此同时，由于招标降价以及零售限价不能灵活调整，企业生产低价药品的意愿下降，医院也缺乏使用积极性，这就导致一些低价药品出现短缺、断供，影响到了临床用药需求。

2014年5月，发改委出台《关于改进低价药品价格管理有关问题的通知》，主要从放松价格控制、统一确定标准、建立清单进入退出机制三方面入手，改革低价药品价格管理方式。

/视野延伸/

“医生不能靠卖药来挣钱”

1998年诺贝尔奖得主、有着“伟哥”之父之称的弗里德·穆拉德博士直言：“医生真的不能靠卖药来挣钱，这是违反伦理的，我强烈反对。”

穆拉德博士介绍，美国大部分医院没有药房，患者在医院看病后，到医药局等机构取药。另外，少数有药房的医院，其药品价格也比医药局提供的便宜。在美国药厂不能给医生礼物，或资助其度假。

3 医患双方缘何持刀相见?

2013年10月25日，浙江温岭第一人民医院三名医生被一名曾在院就医的男子捅伤，其中一人因抢救无效死亡，其余两人重伤。

医生被杀、护士被劫持，一次次血淋淋的残酷现实背后，是谁把医患双方推向了持刀相见的境地?

和以往一样，医德再一次成为医患关系崩塌的“替罪羊”。代表普遍意见的一种声音认为，看病难、看病贵，个别医生不顾职业道德收取红包，令个别难以承受看病高昂成本的病患，在未能得到“治愈”结果后，举起杀医屠刀。

事实上，医德建设一直被视为改善医患关系的关键环节。包括浙江在内，医生宣誓忠于职业道德的活动屡见不鲜，新闻媒体也在不断推出妙手仁心的医护典型。遗憾的是，这些医德正能量的传递，似乎依旧无法阻止医患关系走向崩塌的现实。

一团乱麻的医患关系，显示的是医疗事业发展存在的一些问题。

中国医师协会法律事务部主任邓利强介绍，20世纪80年代后期，国家财政投入占大多数公立医院全年需要费用的60%，此后逐年减少，到了2009年医改前后，国家财政投入只占全部运营成本的20%，也就是说剩下的80%要靠医院自己创收。

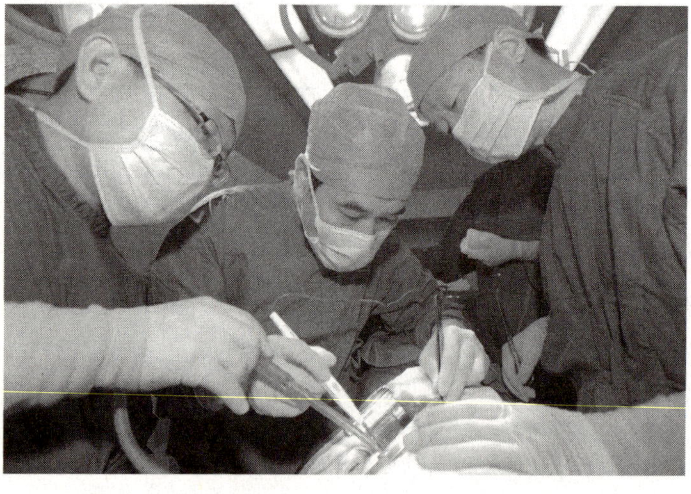
▲北京某医院的手术室内正在进行一场手术。

现实的情况是，很多医院收到

的财政投入还远远不到运营成本的20%。一位医院院长就曾直言不讳地说：“我们医院有1800多人，光发工资每年就需要2.5亿元，而国家财政只给了300多万元。再加上用于设备采购等的建设经费，实际的缺口数额更大。”

毫无疑问，医院经费的缺口只能由患者的医疗费用来弥补。可是，患者的医疗费用无法由医保支出完全承担，其差额部分的来源就是患者自己的积蓄。

在2009年新医改之后的三年中，医保支出连续高涨，到2011年，医保支出占我国卫生总费用的比重上升至25.3%，一些地方的医保基金开始出现亏损迹象。鉴于此，人社部、财政部以及当时的卫生部联合下发意见，明确我国医保在两年时间内全面推行付费总额控制，控制医保费用支出。

医疗费用一直在上涨，医保总额一直在封死，医院经费缺口一直在扩大，所有的压力最后便汇聚到患者的身上，直接导致医院运营补缺与个人负担成为直接对立矛盾。这样一场零和游戏中，经济矛盾演变成医患关系矛盾已经在所难免。

中国医院协会和中国医院协会医疗法制专业委员会共同完成的一份调研报告显示，目前中国每所医院平均每年发生的暴力伤医事件高达27次。就在温岭杀医案后，有医务人员明确提出严惩凶手等要求，希望借法律之手遏制恶性事件再次发生。

其实，当对过往恶性伤医、杀医案进行梳理后发现，法律从未缺位，几乎在每一起恶性事件后的很短时间内，凶手都得到了法律的严惩。然而，这些基于法律框架内的严惩，并未阻止医患矛盾恶性事件的再次发生。

显然，仅仅依赖医德的坚守并不能完全解决医患关系恶化崩塌的问题。

新医改方案曾经明确提出，坚持公共医疗卫生的公益性质，强化政府责任和投入。但是，一个本应坚持公益性质的行业，现实中却存在着巨大的逐利要求。在明确强化政府责任和投入的前提下，医卫投入却做不到与财政收入同步增长。长此下去，医患矛盾又该如何化解？

一位熟悉财务的医院院长曾给出过这样一组数据：“2012年全国财政医疗卫生支出总额为7199亿元，占全国财政收入的6.14%；而保守估算的同期全国三公消费达到9000亿元，占全国财政收入的10%左右；同期教育投入2.2万亿元。”

让医生坐稳医师的座椅而不是感到危险恐惧，让患者安心就诊而不用担心一病致贫，说到底，最终仍然需要政府承担起应有的民生投入责任，制定明确的医疗卫生财政投入目标，并步步扎实推进，才能从根本上解决民众看病难、看病贵的问题，重建本应和谐的医患关系。毕竟，由制度扭曲带来的关系错位，最终仍然需要用制度的力量让错位的关系重新归位。

/专家建言/

公益性医院不应实行民营性操作

在全国两会上，一贯爽直敢言的钟南山对医改“开炮”。他指出医改多年，但看病贵、看病难，医患关系、医护人员积极性等问题基本没解决，症结不仅是政府投入不足，还在于公益性医院实行着民营性操作。医院为保证医生收入和医院运行，除了扩大规模，还得通过药品差价甚至增加检查项目、分解手术和麻醉程序的办法来创收。相比全世界各国医生靠技术生存，中国医生却要靠卖药、用设备、开检查单来生存和创收。“与其说是医生的道德缺陷，还不如说是医院的功利性体制严重扭曲造成的。”此言点中了要害。

4 得了大病治不起，该怎么办？

因大病而产生的巨额医药费用，曾是许多普通家庭的“不能承受之重”。现实生活中，许多真实发生的故事令人唏嘘——

河北清苑县东臧村村民郑艳良在下肢动脉血栓、不断溃烂却无钱医治之时，忍痛用钢锯锯掉了自己的右腿；为救患尿毒症的妻子，北京下岗人员廖丹曾选择铤而走险，违法“刻章救妻”；一对贵州夫妻1岁的孩子被樱桃卡住气管后深度昏迷，抢救了一个月仍未好转，家里的钱花光后，为了救儿子的命，年轻的父亲竟然拿着菜刀和扳手去抢银行；一位3个月大的胆道闭锁患儿被家长丢在了上海仁济医院的便池旁，希望医院能给孩子做手术……

因医疗保障缺位而无法得到有效救治的大病家庭悲情故事，频频触动公众的神经。大病是公众医疗担忧的重头，如果没有“外援”，医治大病的巨额医疗费用很可能压垮一个普通家庭。

众所周知，随着我国城乡居民的医疗保障水平的逐步提高，在全社会范围内已经编织起世界最大的全民医保网。但是，对特别容易产生“家庭灾难性医疗支出”的重大疾病，其保障水平、保障实效仍然有待提升。参加医保的城镇居民，其医保保险比率在75%，而新农合医保报销比率更低，且报销一般有上限要求，同时重特大疾病救助的范围有限。让治疗重大疾病的花费不再成为百姓的后顾之忧，才能不再给原本贫困的家庭雪上加霜。

为此，2012年8月，六部委联合出台《关于开展城乡居民大病保险工作的指导意见》，全国各地大病保险试点进展便开始有序推进。据不完全统计，目前，全国已有27个省份出台了具体的实施方案，130多个城市开展了试点。国务院医改办又在2014年2月下发了《关于加快推进城乡居民大病保险工作的通知》，明确要求尚未开展试点的省份，要在2014年6月底前启动试点工作。

大病保险的目的，是为了避免城乡居民发生家庭灾难性医疗支出，合理确定大病保险补偿政策。可以说，其根本是为人民患重大疾病的“兜底”保险，彻底

▲一位尘肺病患者的洗肺水，作为头号职业病，尘肺病患者往往无力医治，需要社会的救助。

解决因病返贫的现象。

对个体而言，为了防止因病返贫的情况发生，可以选择在参加基本医疗保险和大病保险之外，为自己购买商业重疾险。一旦患重大疾病，多一层保障就少一份风险。

虽然大病医保具体实施办法各地区有所差别，但是，从费用报销方面而言，商业重疾险和大病医保之间是没有冲突的。大病医保是对已经发生的费用进行报销，而商业重疾险则是在确诊患合同约定的重大疾病之后一次性给付保险金。消费者可以利用保险金支付在大病医保范围之外的费用，如使用自费药、自费治疗项目、雇佣看护、购买营养品等其他方面，消费者拥有对保险金的支配权。

而对那些经济能力不强，没有能力购买商业保险的人来说，一旦患重疾事件发生，还有社会救助这一条道路可走。

这些年，随着社会慈善事业的快速发展，公益项目、专项基金也在悄悄地帮扶着大病患者。

2014年7月，出生在河南省嵩县农村的10个月大的宇宇患了先天性心脏病，现正在郑州市儿童医院治疗。“这闺女从小就得病，家里都借了五六万了。”她的奶奶说，农村收入低，遇到这样的大病，家里钱早花空了，还欠了很多债。来这里住院后，已花了五万多元，后来才知道孙女的病可以申请“天使阳光基金”。

以小宇宇就医的郑州市儿童医院为例，在该医院实施的公益项目就有12个，分别是“神华爱心行动”“天使阳光基金”等，其资金均由公益组织、慈善机构和爱心企业提供，救助的项目不同，病种也不同。仅2013年，就有657人受惠，救助金超过1200万元。

基本医保、大病保险、商业保险、公益项目……尽管像“刻章救妻”“锯腿自救”这样的悲剧时有发生，但应该看到，全社会都在努力编织着一张守望相助的大网，在个体的困难与悲剧面前，社会总会伸出相助的双手，而国家也在稳步推进着最可靠的制度建设。

/政策传真/

《社会救助暂行办法》正式施行

2014年5月1日，国务院颁布的《社会救助暂行办法》正式施行，将“托底线、救急难、可持续”作为社会救助的方针，“救急难”是一个新提法，也是一个新要求，突出临时救助的救急难功能，解决群众生活中可能遭遇的突发性、临时性、紧迫性困难问题。因此，医疗救助既是“救急难”功能的重要组成部分，也是减少因病致贫、返贫人口数量，保障扶贫开发成果的重要手段。

/现象透析/

大病医保与商业重疾险报销操作指导

“大病医保”是根据参保人住院实际花费的高额费用进行的二次报销，申请赔付时需提供相关住院材料及发票。商业重疾险申请理赔时只需提供被保险人罹患重大疾病的医学证明材料，而不需要住院相关医疗费用发票，两者之间不存在冲突。

5 城乡居民何时能享受同等的医疗资源?

医疗资源，在我国的确存在城乡配置不均的情况，这里面既有历史原因，也与人口分布、地域经济发展不均等因素有关。

一项调查显示，无论是从数量还是质量上来说，我国医疗资源配置都呈倒三角形。占全国总人口近70%的农村拥有全国医疗资源的30%，而占全国总人口30%的城市却占有全国医疗资源的70%。

城乡医疗资源质量差异更大，优质医疗资源集中分布在城市，尤其是大城市。从数量到质量，医疗资源的配置在大城市、中小城市和农村分层明显。全国性的看病难、看病贵问题在农村表现更加突出，尤其是看病难问题。由于农村医生、医疗机构、医疗设施不足，加上交通条件的影响，农民就医远不及城市方便。

有很多人抱怨，这是一贯以来对农民的亏欠，现在国家有钱了，需要尽快补偿。道理没错，但放在医疗领域中，政府直接投资能解决城乡差异问题吗？答案未必如此简单。

在社会公共事业领域，政府可以在农村提供道路等公共产品，但并不是所有的问题，都能依赖政府一只手包办到位。可以假设，政府在农村兴建大型医院，硬件可以投入，那么医生从哪儿来？尤其有着资深专业水准的医生从哪儿来？没有优质的医疗服务水平，只有硬件投入，兴建在农村的医院也同样吸引不了患者。行政力量的强制措施，最终只能造成资源闲置和浪费。

▲北京房山，患者在条件简陋的私人诊所里治疗。

一谈到社会基本福

利，我们都羡慕国外发达国家如何如何，但实际上，乡村的医疗服务欠缺保障，这是普遍问题。比如，加拿大北部土著居民，人口密度和数量都很小，居民较为严重的疾病甚至需要通过直升机运往城市治疗。

当然，中国城乡医疗资源配置不均除了世界普遍性原因，还有一些特殊原因。比如，体制转轨过程中农村医疗领域的逆向选择，行政性垄断造成的地区分割和部门分割等。

追溯农村就医历史可以看到，在计划经济时代，国家运用行政手段统一调配人力、物力、财力为基层卫生系统输送了一批高质量的大学毕业生。改革开放后，优质人才开始向上流动，乡镇卫生所的医疗水平一代不如一代。到2003年前后，基本处于奄奄一息的状态。2003年，新型农村合作医疗制度在全国部分县（市）建立试点，到2010年，逐步实现基本覆盖全国农村居民，乡镇卫生院的医疗条件才有所改善。

新农合的最大意义在于，在一个13亿人口为基数的大国，实现了全民医保的目标，96%的人实现了基本医保，构建起了世界最大的医保网。

2009年年底，新医改方案公布，除了让医院重回公益轨道外，当年宣布在随后的3年中，支持2000所县医院建设，完成2.9万所乡镇卫生院建设，实现每个行政村都有卫生室。3年内新建、改造3700所城市社区卫生服务中心和1.1万个社区卫生服务站。同时加强农村卫生人才队伍建设，估计政府投入农村医疗卫生机构的预算开支平均每年要达到720亿元。

2012年年初，国务院医改办官方评估新医改三年得失：预定目标如期完成。在新医改稳步推进的过程中，事实上收益最大、感受变化最大的，就是基层农民感受。

对个体来说，以往全部需要自费看病的农民，在参加新农合有了一定比例的医疗费用报销政策后，有了追求优质医疗服务的条件。然而，如果城乡医疗服务水平差距依然存在，就无法避免人们涌向大医院的冲动。由此，在少数大医院内，看病更难的感受并不能得到缓解。

那么，让农民享受与城市人同等的优质医疗服务，要靠什么方式呢？正在全国范围展开的城镇化建设，或许能够给出一个值得期待的方向。

中小城市和小城镇不但是大城市和城市群的重要组成部分，也连接广大农村地区，在推进城乡一体化中有着重要作用。在城镇化建设中，减少以往行政等级对公共资源分配的干预，使得政府公共服务资源的配置与行政级别脱钩，把更多的发展权下放到基层中小城市和小城镇，按照人口在城镇集聚的规模测算不同城镇公共资源配置标准，实现大中小城镇公共资源配置均等化。

医疗问题，在世界上任何一个国家都是一个牵扯到个体的重要问题。应该看到，城乡间医疗差距，需要在相当长的时间内，依赖行政思维的转变、经济的全面发展、医疗改革的进一步深化等得到改善，这并不是一蹴而就的事情。所幸，这种差距已经发生着变化，正在朝着更好的方向发展。

/数据说话/

新农合和居民医保人均补助标准提高

2014年4月，财政部、国家卫生计生委、人力资源社会保障部发布《关于提高2014年新型农村合作医疗和城镇居民基本医疗保险筹资标准的通知》中要求，各级财政对新农合和居民医保人均补助标准在2013年的基础上提高40元，达到320元。其中：中央财政对原有120元的补助标准不变，对200元部分按照西部地区80%和中部地区60%的比例安排补助，对东部地区各省份分别按一定比例补助。农民和城镇居民个人缴费标准在2013年的基础上提高20元，全国平均个人缴费标准达到每人每年90元左右。

/政策传真/

全面推开利用新农合基金购买大病保险工作

2014年7月17日，国家卫生计生委公布《关于做好新型农村合作医疗几项重点工作的通知》，《通知》提出，全面推开利用新农合基金购买大病保险工作，在巩固儿童白血病、终末期肾病、重性精神疾病、艾滋病机会性感染、肺癌等20个病种的大病保障工作基础上，将儿童苯丙酮尿症和尿道下裂纳入大病保障范围。继续完善一般诊疗费政策，将乡村医生的一般诊疗费标准在现有基础上提高1元，且一般诊疗费不低于5元，新增部分由新农合基金支付。

6 分级诊疗是解决医患关系紧张的出路吗？

现在假设两种看病模式——

第一种：有了病，到相对较好的三甲大医院看病。一大早起床到医院排队挂号、排队看病。由于大量的病患在门外等待，医生给你看病的时间只有几分钟，然后开出一系列化验单、检查单，再去排队交费、排队检查化验、等待化验结果、返回医生处开药……很多人都有这样的看病经历。

第二种：有了头疼脑热，就近在社区医院就诊，找到签约的“家庭医生”，医患双方在时间宽裕的、熟悉彼此健康情况的基础上，进行充分的沟通，然后根据医生的经验判断是否需要进一步检查化验，如遇大病马上转诊更高一级大医院就医，如无大碍，开一些常见药物即可回家休息……

显然，第一种看病模式是我们正在经历的，加上医患、陌生人之间的信任缺乏，从而导致了看病中的种种“难”；而第二种看病模式，建立在社区环境下的熟悉信任、上下转诊有序的基础上，医患关系至少不会紧绷如斯。

中国看病难、看病贵、医患关系紧张的乱象之下，一位“洋”医生一语道破了症结所在——我们看病的顺序错了。

谢吉伯，一位来自英国的华裔“洋”医生，十多年前来到北京，曾在北京一家社区医院工作了一段时间。在这里，他看到原本可以发挥巨大作用的社区医院，在中国却成为摆设。社区医院可以充分发挥初级诊疗作用，帮助居民建立长期、完备的病历记录，为大病

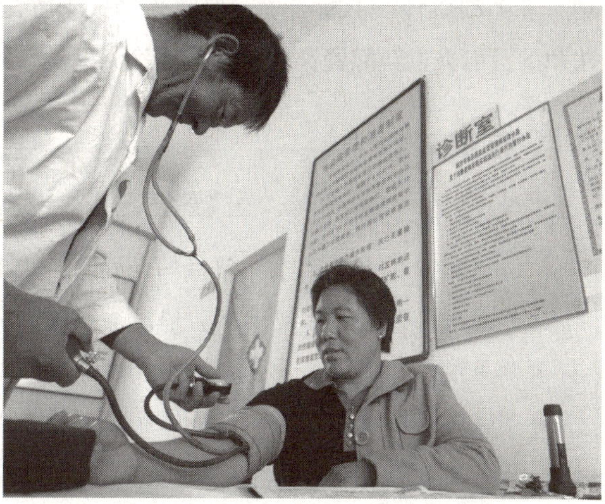

▲某农村诊疗室里医生正在给村民看病。

诊疗提供具有价值的参考，并建立先社区医院后大医院再社区医院的看病新顺序，来缓解人人扎堆大医院看病的诸多弊端。

谢吉伯介绍，“英国人有什么病，会先找家庭医生做初步诊断，遇到大病才转诊大医院，而中国人往往小病也往大医院跑”。

颠倒的看病顺序，令医疗资源被浪费。按照二八定律，80%的人得的是小病，而20%的人才会患上大病，那么，无论大病小病都一股脑儿挤到大医院，去拼抢位于顶端的医疗资源，由此带来的一系列矛盾又何止是医患关系之间的紧张？

患者都挤到大医院看病，本身就加重了患者负担，因为省级医院或一线大城市三甲医院各项费用都相对较高。而举债建楼、投入大型设备等，都会增加医院的运营成本，不可避免地会引致一些过度用药、过度检查现象。

谢吉伯这位“洋”医生看到了问题的核心，而我国新医改的一项重要内容，正是努力理顺错位了的就诊顺序。“小病到社区、大病上医院”，这是新医改倡导的分级诊疗模式，也被视为缓解“大医院看病难”的重要手段。

在卫生主管部门看来，我国医疗机构分三个等级。80%的常见病应该在一二级医院治疗，作为“塔尖”的三级医院，应该集中解决20%的疑难危重患者。如果说大医院在城市公共卫生体系承担了“主动脉”功能，那社区医院就是“毛细血管”，未来将提供更贴近的诊疗服务。

长期以来，由于各种医疗资源过分向大医院集中，一方面老百姓大病小病都愿意去大医院看，造成“主动脉”梗阻，另一方面社区卫生资源又得不到充分利用，“毛细血管”不断萎缩。要解决这一矛盾，就必须改变现有的医疗体制，从法律的层面去重新配置资源，规范就诊流程。

政策传真

“小病到社区，大病上医院”

为解决去大医院看病难等问题，近日国务院办公厅启动了“小病到社区，大病上医院”落地计划。依照国务院办公厅发布的《深化医药卫生体制改革2014年重点工作任务》，2014年年底前国家即将制定完成分级诊疗办法，运用医疗、医保、价格等手段引导患者在基层就医，同时，选择部分城市开展试点，鼓励有条件的地区开展试点。

第4章

谁来保障我们舌尖上的安全?

这两年，《舌尖上的中国》专题纪录片引发收视热潮，片中那些色味香俱佳的美食，引得无数观众口水直流。不过，这部纪录片带给人们的不仅是对美食的向往，还有对身边饮食环境的忧虑。接连不断的食品安全问题，令公众对于食品安全问题的焦虑和恐惧，不断蔓延和放大。

“病从口入”，既是妇孺皆知的基本生活常识，更是令人提心吊胆的现实威胁与隐忧。所谓民以食为天，食品安全问题关系到千家万户、亿万民众的健康与生命。

毋庸讳言，切实加强政府相关部门的综合监管效力，尽快扭转食品药品安全监管的被动局面，是民声所盼，更是政府必须担负起的重要职责!

1 “地沟油们”为何被搬上餐桌？

如果我们能掀开那些幕后工厂看一看，不用任何检测仪器，凭借常识就能判断，这些不应该被送进嘴里：皮鞋下脚料、工业色素、石膏、激素、地沟油，或者其他本应在化学实验室的瓶瓶罐罐里待着的物质。于是，有人戏谑，中国真正的创意产业不在文化领域，而是在食品与药品领域。

针对这种状况，国家从立法、执法、司法、行政等多个方面，采取了一系列保障食品安全的举措。2010年，颁布《食品安全法》；2012年，出台《国务院加强食品安全工作的规定》；2013年，成立国家食品药品监督管理总局；2014年2月，食品药品监管总局发布食品药品监管信息化标准体系，重新起草修订《食品药品行政处罚程序规定》。

从这些法令的起草颁布、推进执行，可见国家自始至终强化食品安全保障的决心。严于立法、公正执法，也让一些制假造假售假者望而却步。

尽管如此，依旧有一些人“明知山有虎，偏向虎山行”，一意孤行铤而走险。有评论指出，中国食品安全的根本原因是生产商追求利润而故意非法地把有毒元素注入到食物链中。如河北衡水的工业明胶价格是每吨4000元上下，食用明胶的价格是每吨3万元，巨大的价格差距足以使得食品生产商们昧着良心赚黑心钱。

▲浙江一回收油加工企业的操作车间。

其实，分析“作恶者”造假的根源，

与其说是他们对利益的追逐，不如说是他们对道德的抛弃。是谁第一个把工业明胶放入食品、药品？是谁第一个把三聚氰胺放进了牛奶？又是谁明知“有毒”却毅然决然地卖给了消费者？传统社会里，人们至少还会相信“抬头三尺有神明”，相信“积善人家庆有余”。然而，当这种朴素的价值观被遗忘，道德和法律随之同样被抛诸脑后。

因为道德底线的一次次被打破，国家法律的一次次被践踏，社会秩序规范的一次次被冲击，尴尬窘迫的“互害”状况时有出现——卖假奶粉的绝不会给儿女吃假奶粉，但他能保证不吃到毒白菜吗？卖假酒的能保证不吃毒肉吗？养鸡卖饲料的能保证不喝假酒吗？卖毒大米的能保证不吃到假药吗？最终，谁占了便宜？互害社会没有幸运者，人人都将成为道德溃败下的牺牲品。

然而，食品乱相不过是道德被抛弃后“互害社会”的一块显影。《学习时报》曾发文指出：当下中国正陷入这种道德溃败和价值观紊乱之中。几乎每个行业、每个职业，都有一些人不遵守基本的道德操守和职业规范，官场不像官场、学界不像学界、企业家没有企业家的品格，乃至整个社会弥漫着是非不分、信仰全无、以丑为美、以次充好、一切向钱看之风，为了利润敢于将一切社会道德和价值观踩在脚下。

/数据说话/

维护食品安全，坚持“零容忍”

2013年，全国食品药品监管部门严格市场准入和退出，全年共注销生产许可证10332个、吊销流通许可证1559户；严格监督检查和监督抽检，全年共监督检查生产企业52万余家次、检查经营者2061.47万户；严格查处违法违规行为，严查重处了一批食品违法案件，震慑了违法犯罪分子。

2 食品安全标准，为何内外有别？

近年来，食品安全问题频频爆出，在这些食品安全事件中，有关食品安全的双重标准、内外有别的现象也不断被消费者所认知，并为之感到震惊与困惑。究竟是我们国内的标准太宽了，还是国外的食品安全标准太严了，为什么国外检出的不合格产品却符合我国规定呢？“内外有别”的标准，一直以来都是消费者对食品安全的困惑之一。

2011年，来自瑞典研究机构的数据表示，雀巢等品牌生产的部分婴儿食品含有砷、铅等有毒重金属，存在安全隐患。中国疾病预防控制中心随后通报，这些品牌在华产品检出的砷、铅等重金属，均未超出中国标准。

2010年，麦当劳的麦乐鸡在美国被发现含有两种化学成分“聚二甲基硅氧烷”和“特丁基对苯二酚”，而麦当劳中国公司对此回应称，这两种物质含量均符合现行中国食品添加剂使用卫生标准。

数据显示，多年以来我国食品出口合格率均保持在99.8%以上，而内销食品在“多年整顿”的背景下，合格率却只有90%左右。虽然只有九个百分点的差距，但却暴露出食品安全标准“内外有别”的尴尬。

▲某员工在食堂享用午餐。食品安全隐患让外出就餐成了负担。

为什么会出现食品安全标准内外有别的状况呢？专家指出，一方面，我国的食品需要“摸高”才能进入国外市场，导致“一流产品出口、二流产品内销”。另一方面，在宽泛标准产生的“洼地”效应下，一些在国外被认定为“不合格”的洋食品，能堂而皇之地进入我国市场。有些产品在国外被查出安全问题后，面对中国公众的质疑，却因中国的低标准而常“傲慢无礼”。

不可否认，与我国现阶段的发展水平相适应，标准也有一个逐步健全和提高的过程。往往标准低一点，就有大量企业被放进去，而标准一高，一些生产能力落后的企业就会被淘汰出局。再者，我国共有几万个标准，制定一个标准，需要大量的数据收集及论证，费用较高，导致诸多标准“更新”慢，难以适应瞬息万变的食品监管形势。

显然，在社会经济日新月异的今天，仍然固守落后的标准，无异于“刻舟求剑”。与造假技术的花样不断翻新相比，某些领域的标准滞后，也造成监管乏力，让不法分子钻了空子。

针对我国食品标准体系存在的种种不足，2010年以来，相关部门已经启动了相关工作。2014年5月7日，国家卫生计生委根据国务院工作部署和《食品安全法》及其实施条例，为做好食品安全国家标准整合工作，制定了《食品安全国家标准整合工作方案（2014年–2015年)》。此举为构建我国食品安全国家标准体系奠定了基础。目前，国家卫生计生委办公厅关于征求《食品理化检验方法总则》等三十余项食品安全国家标准的制定工作也正在稳步推进。

政策传真

食品标准清理工作基本完成

2013年，根据《食品安全法》和国务院工作部署，国家卫生计生委全面启动，并基本完成食品标准清理工作。

一是摸清了现有食品标准底数，梳理出近5000项现行食用农产品质量安全标准、食品卫生标准、食品质量标准以及行业标准。

二是深入研究现行标准存在的问题，提出了标准或指标废止、修订和继续有效的清理意见。

三是拟定我国食品安全标准体系框架，提出包括约1000项标准的各类食品安全国家标准目录。

四是明确食品安全国家标准整合工作任务。

3 食品安全监管：为何“九龙难治水”？

不得不说，食品安全事故频发与监管的体制机制有直接关系。由于一些有法不依、执法不严的监管部门失职、失责和落实不力，对食品药品安全事故的频发也负有不可推卸的责任。

那么，目前哪些因素拖了食品安全监管的“后腿”？

监管机制存在缺陷。据《人民日报》等媒体统计，目前涉及食品药品安全监管职能的国家部委多达13个。显然，“多头分管”的监管体制削弱了食品药品安全监管部门的实际效能。国家食品安全风险评估中心研究员、中国工程院院士陈君石指出，一条食品链是一个整体，我们分成这么多的部门来管，这些部门又从不坐在一起对话，怎么覆盖整个链条呢？所以漏洞不可避免。另外，分段管理的弊端还表现在资源浪费、重复监督、重复检查等方面。

地方保护扰乱监管。在一些地方，某个产业发展壮大后，地方财政对其有很大的依赖性。如果监管部门对这些产业进行严格监督、切实整顿，势必影响当地的财政收入。“问题胶囊”事件爆发地浙江省新昌县政府之前提供的一份数据显示：儒岙镇年产空心胶囊约1000亿粒，实现产值92.5亿元，税收总额4372.5万元，占全镇税收总额的51.2%。

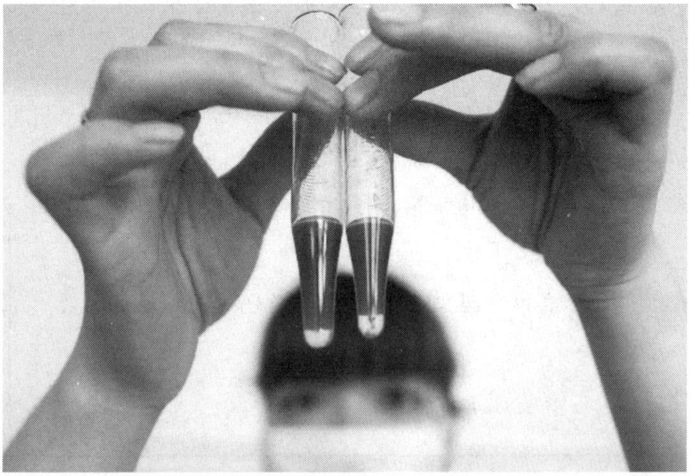
▲检测人员正在进行食品安全检测。

监管渎职频现。《2011年中国食品药品蓝皮书》分析指出：目前，虽然国务院出台了相关文件，要求药品安全由地方政府负总责，但缺少可依据的法律文件对诸如责任主体、责任分配原则、责任形式、问责程序、救济方式等要件进行规范。因此在实践中，地方政府负总责的含义比较笼统，缺乏可操作性。在部分省区市，尽管在某种形式上建立了药品安全领导机构，但是其领导组织的功效及其实际运行的作用并不明显。

技术受限、人才匮乏。我国基层监管部门的执法能力尚显不足，尤其是队伍的专业化水平较低，一线执法人员大多通过查看产品包装、核对质量保质期、查验进货发票等方法进行监管，这种“一看、二摸、三闻”的土办法难以判断食品是添加剂滥用、重金属超标或是细菌含量过多。这一现象在中西部地区表现得尤为严重，不利于监管政策的有效执行。

实践创新

“国家食药监管”App正式上线

2014年6月，“国家食药监管”App正式上线，公众免费下载手机客户端后，就能通过手机轻松浏览国家食品药品监管总局政府网站发布的信息，随时随地查询食品药品基础数据，方便快捷地掌握各项许可进度。据悉，组织“国家食药监管”App开发，旨在拓展政府信息公开渠道，提高信息服务质量。

4 如何用"重典"来加强食品安全监管?

中共十八届三中全会《中共中央关于全面深化改革若干重大问题的决定》强调，要建立最严格的食品安全监管制度。那么，"重典"应该如何用?

让违法者身败名裂、倾家荡产。食品安全监管关键是要用好"重典"。只有让不法分子的违法成本远远大于违法收入，才能形成"高压线"，带来威慑力。比如，德国治理食品药品安全事件的刑事诉讼外加巨额民事赔偿制度，能让肇事者在承担刑事责任的同时破产，这种做法应当予以借鉴。

国家食药监管总局规划财务司负责人王小岩说，目前在中国食品安全领域，违法犯罪问题十分突出，要让那些为了谋财不惜害命的人"倾家荡产"，付出严重代价。

用"问责"给监管者加压。让相关部门积极主动地做好监管工作，就应该建立健全行政监管者的内部激励机制和内部惩戒机制。

食品安全监督领域的行政问责，不应该仅仅局限于对食品质量问题的一种责任追究机制或一种纯粹的惩戒措施，而应该与国家相关政策、法律法规等有机衔接，成为一项互为补充的独立制度。如果相关食品企业出现了食品安全问题，那么与之相应的是，监管部门负责人甚至企业所在地区的政府负责人应该无条件地接受问责，问责应该得到严格的执行。

▲保证舌尖上的安全，加强监管是其重要一环。

除了加强食品安全监管之外，提高监管技术、培育专业化监管队伍也是时代所需。专业化是当今各国食品药品监管机构的重要特征，这是监管"提速"的根本之道。目前，我国药品审评中心专业技术人员仅有一百多人，基层相关专业人员更为匮乏。

/专家建言/

加强和完善食品安全风险监测

严卫星（全国政协委员、中国疾控中心营养与食品安全所副所长）建议：我国应切实加强和完善食品安全风险监测制度。

一、尽快建立并完善我国的食品安全报告体系，加强流行病调查、病因分析的能力建设。

二、加速食品安全风险评估机构的组建，尽快落实人员编制经费等，为我国的食品安全监管提供科学依据和技术保障。

三、建立专门的标准技术机构，配备专门的标准工作人员，承担标准的规划、计划、组织制定、管理、宣传贯彻等技术工作。

四、进一步提高资源共享和信息沟通，避免重复建设；对承担技术支撑工作的机构、人员及各项技术支持工作还应建立起持续、稳定的经费保障制度。

/视野延伸/

海外食品安全法速览

美国：召回从宽，逮着从严。美国自19世纪起就逐步完善食品安全相关法律。在美国的食品安全体系中实施主动召回模式，即鼓励有关企业诚信自律，勇于承认问题，在监管部门还没有下禁令时就召回存在安全隐患的食品。在召回过程中与食品安全检查部门合作，主动提交问题报告，一般都能得到宽大处理。相反，对于违反食品安全法律法规的，则实施重罚，甚至令企业破产。

韩国：售有毒食品，10年不得营业。韩国在《食品安全法》中规定，故意制造、销售劣质食品的人员将处以一年以上有期徒刑；对国民健康产生影响的，有关责任人将被处以3年以上有期徒刑。而一旦因制造或销售有害食品被判刑者，10年内将被禁止从事相关经营活动。

5 怎样看待转基因食品？

长期以来，有关转基因食品的安全性问题一直是公众关注的焦点。

支持者认为，转基因食品是安全的，并且具有传统食品所不具备的特性，可以解决包括全球饥荒在内的多个问题。而反对者则指出，对转基因食品进行的安全性研究都是短期的，无法有效评估人类几十年进食转基因食品的风险。更有反对者认为，转基因生物不是自然界原有的品种，对于地球生态系统来说是外来生物，转基因生物的种植会导致这种外来品种的基因传播到传统生物中，并导致传统生物的基因污染。对此，社会各界众说纷纭，莫衷一是。

作为一个农产品需求大国，长久以来，我国就一直将农业安全作为头等大事。2014年3月11日，中国科学技术部副部长张来武博士在接受中新社专访时介绍，“转基因技术对粮食安全之作用就好比核电技术对能源安全的影响，可能会形成对人类的挑战，也会是人类未来的曙光。”同时，他强调在抢占转基因技术的制高点上，中国人绝对不要落后，“这种技术的研究，要牢牢地把握住我们的主动性”。

▲市面上出售的食用油都在明显的位置标注“非转基因”字样，让百姓对转基因食品是否安全更加疑惑。

这位学者型官员表示，公众对转基因担心的并不是基因技术，关键是转基因的“转”，现在通过基因测序研究已发展出基因编辑技术，可根据需要对原来的基因进行重新编辑，它可以不转任何新的基因，也能产生很好效果。中国今后将在进一步开展转基因研究的同时，积极推动基因编辑技术研究。

针对公众的忧虑，张来武认为，转基因技术在一些领域的应

【名词解释】

转基因食品

转基因食品，是指利用现代分子生物技术，将某些生物的基因转移到其他物种中去，改造生物的遗传物质，使其在性状、营养品质、消费品质等方面向人们所需要的目标转变的食品。转基因生物直接食用，或者作为加工原料生产的食品，统称为转基因食品。

用，应该是透明的、公开的、可选择的和从容的，要适合人类的认识水平、科普水平，适合社会治理的能力。“技术研究可以超前，但在主粮产品的应用环节应该慎重”，一定要相对尊重社会各方面的意见，一定要公开、透明地去处理，准确标识。

其实，面对转基因食品不确定的风险，世界各国的常规做法也是对转基因食品进行标识。

欧盟一些国家采取了强制性的标识制度，转基因成分的含量超过0.9%必须要标识。欧盟制定的法规还有一个可跟踪性原则，即在货架上的转基因食品的标签上要讲清楚产品来自哪里，转的什么基因，基因的供体、受体、载体是什么。

澳大利亚、新西兰也要求实施标识制度。亚洲国家，如韩国要求转基因成分超过3%的产品进行标识；日本的标识要求是5%。

根据卫生部颁布的《转基因食品卫生管理办法》，在我国，食品产品中含有转基因成分的，要在包装上标明“转基因”标识。2014年5月27日，中国政府网公布了国务院办公厅印发的《2014年食品安全重点工作安排》，提出要建立食品原产地可追溯制度和质量标识制度，同时规范转基因食品标识的使用。

值得一提的是，2014年5月28日，农业部发出《农业部关于进一步加强农业转基因生物安全监管工作的通知》，全面部署转基因生物安全监管，杜绝非法扩散。

/动态剪影/

甘肃省：转基因食品要求专区专柜销售

2014年5月18日，甘肃省出台的“史上最严”的三十条食品安全监管新规。其中，明确规定，对安全隐患较多的儿童小食品将在甘肃全省范围内禁止销售。新规还进一步对转基因食品进行了规定，要求转基因食品施行专区或专柜销售，以此来保障消费者的知情权和选择权。甘肃省是中国第一个对转基因食品要求专区专柜销售的省份。

6 食品真的需要那么多的添加剂吗？

食品添加剂，指为改善食品品质和色、香、味，以及为防腐、保鲜和加工工艺的需要而加入到食品中的人工合成或者天然物质。

目前，我国食品添加剂有23个类别，2000多个品种，包括酸度调节剂、抗结剂、消泡剂、抗氧化剂、漂白剂、膨松剂、着色剂、护色剂、酶制剂、增味剂、营养强化剂、防腐剂、甜味剂、增稠剂、香料等。

食品添加剂具有三个特征：一是它作为加入到食品中的物质，一般不单独当作食品来食用；二是既包括人工合成的物质，也包括天然物质；三是加入到食品中的目的是为改善食品品质和色、香、味以及为防腐、保鲜和加工工艺的需要。

食品添加剂不等于违法添加物。公众谈食品添加剂色变，更多的原因是混淆了违法添加物和食品添加剂的概念。需要严厉打击的是食品中的违法添加行为，迫切需要规范的是食品添加剂的生产和使用问题。2011年5月，卫生部公布《食品添加剂使用标准》《预包装食品标签通则》等4项食品安全国家标准，强化食品添加剂使用的监督与管理。

▲民以食为天，如何保障食品安全是关乎我们每个人的事情。

值得注意的是，此次标准明确了食品添加剂的使用原则，使用添加剂不得掩盖食品腐败变质，不得以掺杂、掺假、伪造为目的而使用。同时提出，在达到预期目的前提下，尽可能降低添加剂在食品中使用量的原则。

《预包装食品标签通则》强调了食品标签中食品添加剂的标示方式，要求所有食品添加剂必须在食品标签上明显标注。新标准要求，食品标签应当真实、准确、通俗易懂、有科学依据，不得标示违背营养科学常识的内容，也不应具有暗示预防、治疗疾病作用的内容；增加了推荐标示，以及可能对人体致敏物质的标示要求。

曾有报道称，成人每天能吃八九十种食品添加剂，这会不会影响人体健康？中国疾病预防控制中心营养与食品安全所所长严卫星表示，添加剂的使用标准，是经过非常保守的做法制定出来的。迄今为止，我国对人体造成危害的食品安全事件，没有一起是由于合法使用食品添加剂造成的。

/现象透析/

食品添加剂“被妖魔化”

2014年7月27日，孙宝国（中国工程院院士、中国食品添加剂和配料协会副理事长）在接受《北京青年报》采访时表示，食品添加剂在我国被妖魔化。

孙宝国分析指出，当下，由于缺乏关于食品添加剂的基本知识，致使公众错将非法添加物认定为食品添加剂，产生了误解。而且，甚至有民众错误认为应该把所有的食品添加剂都禁用。其实，如果没有防腐剂，人类还停留在吃腐烂变质的食品时代，那样仅因拉肚子这个食源性疾病一项死亡的人就会不计其数。更不要说，很多食品添加剂是营养素，是为强化食品品质添加进去的。

同时，有些企业在食品广告中，宣传不含防腐剂、不含色素、食品色素、食品香精，也是一种误导，间接加重了公众的误解和恐慌。

/视野延伸/

世界各国如何管理食品添加剂

日本：添加剂管理法不断改进

日本也曾出现过一个“添加剂滥用时代”，他们最后通过严格立法解决了这一问题。日本把和食品添加剂使用有关的方方面面，都进行了细致的立法，且不断改进。最早在1947年日本的《食品卫生法》中，允许的安全食品添加剂只有60种；1957年又修改了《食品卫生管理法》，规定只要是化学合成物品，不在指定名单范围内的就不允许添加到食物中；1995年日本把常用的天然添加剂划入“既存添加剂”名单；1998年又将“既存添加剂”有致癌危险的去除。至2011年3月，日本“指定添加剂”名单上的安全添加剂已达到413种。

英国：添加剂种类必须列入标签

英国食品标准局是政府机构，统一制定和管理食品添加剂的使用。2011年年初，该局更新了食品添加剂指南，主要是考虑到新的技术发展，以及如何更好地符合国际安全标准。当对某种食品添加剂使用存在多方争议时，英国食品标准局的处理方式非常透明，即公开介绍多个机构的不同观点，还建立一个自愿禁用某些食品添加剂的食品企业名单。食品生产者如希望规避这些添加剂可能带来的健康危害，可主动选择禁用，并将自己加入到企业名单中。当信息公开透明地公布之后，消费者就可以放心地自主选择了。

美国：严格规定用量和用途

美国虽然是允许使用添加剂品种最多的国家，但是对其用量和用途都有严格的规定。如在许多国家都可以用作食品着色剂的氧化铁类添加剂，在美国只被允许用在化妆品中。在澳大利亚和新西兰允许限量使用的富马酸钙，在美国也被认为安全性未能确认而根本不允许应用于食品调味剂和香水类。

第5章

社会保障制度如何更好地给百姓提供保障？

随着社会保障制度的不断建设和完善，我国已初步形成了以社会保险、社会救助、社会福利为基础，以基本养老、基本医疗、最低生活保障制度为重点，以慈善事业、商业保险为补充的社会保障体系框架，在调节收入分配、缓解社会矛盾、促进国家长治久安等方面发挥了重要作用。

当前，我国城乡居民收入水平不断提高，消费结构加快转型升级，公众对社会保障公共服务的多层次、个性化、项目数量、质量要求越来越高。习近平总书记的讲话也指出，我们的人民期盼有更好的教育、更稳定的工作、更满意的收入、更可靠的社会保障、更高水平的医疗卫生服务、更舒适的居住条件。但是目前的社会保障体系中，基本公共服务供给不足、质量不高、发展不平衡、体制机制不健全等问题仍然十分突出。

在一个拥有十三亿人口、发展不平衡的国家，为所有老百姓提供满意的社会保障服务，不是一件容易的事情，前行路上仍然任重而道远。

1 如何推进城乡养老保障制度并轨运行？

养老金是老百姓的养老兜底钱，人人关心。我国自1984年开始逐步进行社会保障制度改革。三十年来，通过不断改革与创新，我国社会保障体系建设迅速发展，建立起了比较健全的社会保障制度体系。但是，仅仅养老保险一项，就存在着城乡差异和城城差异。同时，在人口流动如此大的今天，人们只能在生活地或者工作地享受养老保险待遇，养老金不能随人“携带”。

建立一个更加公平可持续的养老保险制度是民众的迫切期待。

2014年城乡养老保障制度并轨迈出了一小步，城乡居民养老保险被合并了“同类项”。2月21日，国务院印发《关于建立统一的城乡居民基本养老保险制度的意见》，决定将现行新型农村社会养老保险制度与城镇居民社会养老保险制度合并实施，建立全国统一的城乡居民基本养老保险制度。

实质上，就是将现有新农保、城居保两项制度整合，其统一性突出体现在四个方面：一是统一制度名称，新农保和城居保合并后统一称为“城乡居民基本养老保险制度”；二是统一政策标准，归并为100元至2000元12个档次；三是统一管理服务；四是统一信息系统，大力推行全国统一的社会保障卡。这项制度建立以后，就和城镇职工养老保险形成两大制度平台，基本上就构成了我国养老保险的制度体系。

▲山西太原一养老院内居住的老人。老有所养是中华民族千百年的优良传统，随着我国老龄化社会加剧，养老问题日益突出。

当时，我国“社会养老保险”分为五

种：机关单位、事业单位、城镇职工、城镇居民和新型农村社会养老保险。2014年合并的是后两种。新农保制度建立于2009年，针对农民设立，目前参保人数达到4亿多人；而城居保制度建立于2011年，针对城市16岁到60岁处于工作年龄但没有工作的居民，参保人数不多，全国仅几千万人。这两种保险的制度框架基本一样，将这两项制度整合，是先从容易整合的做起，为下一步整个社会养老体制的大整合打下基础。

【名词解释】

社会保险

社会保险是社会保障体系的重要组成部分，是国家承担保障责任、为城乡劳动者和居民提供基本生活安全的保险制度，包括基本养老保险、基本医疗保险、失业保险、工伤保险和生育保险等。党的十八大报告提出全覆盖、保基本、多层次、可持续的社会保障工作方针，把“广覆盖”调整为“全覆盖”，要求实现人人享有基本社会保障的目标。

不过，当前在城乡养老保险金上的统一仅仅是制度上的统一，并非实际待遇的统一。也就是说政策上没障碍了，但到具体操作时，老百姓想要非常方便地转移接续和领取居民养老金，还需要看各地政策如何落实。而且，无论是基金收入、支出，还是基金累计结余，城乡居民基本养老保险都呈现出明显的地区差异，资金是城乡居民养老保险制度实现真正统一的最大障碍。例如，北京的基础养老金发放能达到每月430元，而新农保的标准是每个月55元。

为此，人社部、财政部近日联合印发了《城乡养老保险制度衔接暂行办法》，以解决城镇职工基本养老保险与城乡居民基本养老保险制度两大制度的衔接问题。《暂行办法》于2014年7月1日正式施行。但是，城乡居民养老保险和城镇职工养老保险未来想实现全国流动，城市之间对接也并非易事。由于经济水平的巨大差异、城市数量过多等原因，城市与城市之间确立合理的养老保险转移接续比对系数是一个难题。一旦养老保险实现全国流动，对于养老水平较高的大城市来说，可能存在着大量待遇较低城市的养老者涌入大城市享受更高养老待遇的隐忧，致使大城市养老负担加重。打个比方，北京想和河北对接，就要确定一个比对系数，不然河北人都会到可以领取更多的保险金的北京来领取，这样北京的养老体系将不堪重负。

2013年2月，中国社科院发布《2012社会保障绿皮书》和《中国社会保障收入再分配状况调查》。调查显示，不同养老保险制度的养老金金额最大相差近50

倍。造成不同身份人员养老金差别如此之大的原因，归根结底仍是养老保险体系设计不公平。党的十八届三中全会通过的《中共中央关于全面深化改革若干重大问题的决定》明确提出推进机关事业单位养老保险制度改革，整合城乡居民基本养老保险制度，建立健全合理兼顾各类人员的社会保障待遇确定和正常调整机制。因此，从长远来看，要消除企业退休人员与公务员养老金过大的差距，必须对养老金双轨制进行改革。而且，未来养老金并轨并不代表所有人待遇要平均，而是要统一置于公平透明的体系中，进行统筹安排。

正是基于这一改革精神，社保并轨真正的硬骨头——机关事业单位养老保险改革也被攻克。2015年年初，国务院决定全面启动机关事业单位工作人员养老保险制度改革，标志着养老金“双轨制”的破冰，近4000万机关事业单位人员将和企业职工一样缴纳养老金。

养老保险的改革已经在制度设计上努力消除不同养老人群上的制度差异。但是，我国的养老金保障水平毕竟还待进一步提高。企业退休职工历经养老金“11连涨”，部分职工的养老保障能力仍然不足。

据统计，目前我国能够靠离、退休金作为最主要养老方式的老年人仅占24%，而靠家庭其他成员供养仍占40.7%。更大的差别在于城市和农村，城市靠离退休金生活的老年人占了2/3，而农村只有4.6%。“低水平、广覆盖、多层次”是当前我国社会保障制度改革的基本原则，也是针对社会保障覆盖面仍不广的现实所制定的。

《关于建立统一的城乡居民基本养老保险制度的意见》提出，到“十二五”末，在全国基本实现新农保和城居保制度合并实施，并与职工基本养老保险制度相衔接；2020年之前，全面建成公平、统一、规范的城乡居民养老保险制度。而人社部也已经启动全名参保登记。

建立真正的城乡统一的养老保障制度，尽快实现城乡养老保险制度的并轨，不仅是新型城镇化战略的客观需要，也是实现社会保障制度最大公平的必要之举。

/数据说话/

城镇化的社保缺口高达30万亿元

统计数据显示，最近10年，我国每天消失80个村落，城镇化率每年都在以1.36个百分点的速度稳步增长，城镇化率已相当于世界平均水平。但是，其中的社会保障体系建设明显滞后于人口迁移流动的步伐、滞后于城镇化的步伐。

国家统计局公布的数据显示，2012年中国城镇化率达到52.57%，但只实现了35%的户籍人口城镇化率。这意味着，还有2.5亿左右的农民工难以享受到城镇基本社会公共服务。如果实现城乡社会保障并轨，仅以这部分数据估算的话，那么仅城乡养老保险并轨过程中总的资金缺口就会高达30.69万亿元，其中企业需要承担23.22万亿元。

2 新型城镇化政策将如何加快农民工参保的进程?

“新型城镇化，更多的是关注人的城镇化。”这是这一轮城镇化改革规划的鲜明特点。

所谓“城镇化”，是指农村人口不断向城镇转移，第二、三产业比重不断向城镇聚集，城镇数量增加、规模扩大的一种过程。对于当前中国的城镇化来说，就是农民工的市民化。

虽然目前我国城镇化率已达51.27%，但是城镇户籍人口占总人口的比例却只有35%~38%。大量的农民工实现了地域转移和职业转换，但还没有实现身份和地位的转变。近2亿生活在城镇里的农民工没有城镇户口，也没有享有城镇居民待遇，造成“就业在城市，户籍在农村；劳力在城市，家属在农村；收入在城市，积累在农村；生活在城市，根基在农村”的“半城镇化”现象。大规模农民工周

▲元旦前，北京火车站带着行李回家的打工者。

期性“钟摆式”和“候鸟型”流动，付出了巨大的社会代价。

新型城镇化的重大标志是推进农业转移人口的市民化，让他们在城市扎下根来，其中一个必要条件就是让他们享受平等的社会保障权利。

当前推进城镇转移人口市民化有三大特点：面大、量广、有长期性。现在有近2.5亿农民工，未来还有大量的新生代农民工要进城，基本解决农民工中存量和增量的市民化需要时间和成本，农民工要穿上市民的就业、教育、医疗、住房、养老这“五件衣服”，需要大量公共投入。中国社科院发布的蓝皮书指出，今后20年内，中国将有近5亿农民需要实现市民化，人均市民化成本为10万元，为此至少需要40万亿到50万亿元的成本。

具体到社会保障层面，近年来，我国农民工参加社会保险的总人数一直持续上升。虽然正规就业的农民工基本被纳入了社保体系，但是农民工总体参保率比较低，且一直没有明显提高。以城镇职工养老保险、城镇职工医疗保险两大主要社会保险险种为例，平均每6名农民工只有1名参保。这其中，既有制度政策层面的原因，也有实施操作层面的原因。

首先，从制度政策层面来看，由于现行制度的种种限定，无论是在打工地还是在户籍所在地，灵活就业的农民工在多数地区都不能顺利参加城镇职工养老保险、医疗保险等社会保险。

其次，现行的社保费用对农民工来说还是太高。对农民工这种收入低、对缴费特别敏感的群体来说，社保费用过高是阻碍他们参保的主要原因之一。比如，现行制度规定，城镇企业职工最低缴费基数是社会平均工资的60%。可实际上，有的农民工收入甚至连社会平均工资的40%都不到。在这样的情况下，如果他们按照社会平均工资的60%作为缴费基数的话，对他们来说，就是一个沉重的负担。

再次，在参保实施层面，大企业、外资企业的农民工参保相对规范，但是作为吸纳农民工就业的主体的中小企业，不参保、想方设法规避缴纳社保费，包括用大量使用劳务派遣工的方式逃避企业责任的现象比比皆是。

此外，我国社保统筹层次低，虽然出台了养老保险关系转移接续办法，但实际上转移接续不畅。对参保年限的规定，即参保需满15年等一刀切的政策，也影响了农民工参保。

当前，农民工与城镇居民最接近的只有工伤保险参与率。数据显示，2003年出台的《工伤保险条例》使农民工的工伤保险参与率“表现最好”，2012年为

24%，与城镇人口工伤保险参与率（26.71%）非常接近。在养老和医疗保险方面，由于养老和医疗保险的接续、流转、异地结算等制度问题没有解决，导致农民工的城镇社会保险参与率整体较低。

加快农民工参保进程当务之急，是把企业或正规单位中应缴纳社保费却没有缴费参保的农民工作为社保扩面的重点，通过监察扩面等行政强制手段督促用人单位参保缴费。

可是，对于灵活就业的农民工，实际上他们没有劳动关系，没有签订劳动合同，强制扩面参保将事倍功半，很难操作。所以，对于灵活就业的农民工，应该更多地提高政策的吸引力，降低个人缴费率，减少农民工个人需缴纳的金额。同时，还应提高统筹层次，健全我国社保信息系统，进一步完善城乡社保衔接制度等。

令人欣喜的是，此次户籍制度改革意见提出，按照国家规定参加城镇社会保险达到一定年限作为农民工在城镇落户的一个条件，也将有利于农民工依法参加社会保险。

/数据说话/

农民工群体中“离土不离乡”的占52.69%

与大城市相比，中小城镇在工资收益、公共物品的硬件设施等方面均不占优势。为引导农民工进入中小城市、城镇务工，除了在产业上科学安排，做到以“产”留人，深化中小城镇的户籍改革外，还应加强小城镇的社会保障建设，做到以“保”留人。

在新型城镇化背景下，中小城镇应积极完善农民工的社会保障政策，制定合理的缴费比例。同时，地方政府还要加强劳动关系的监管，督促企业参保。

目前，生活在中小城镇的农民工总量并不低。数据显示，农民工群体中“离土不离乡”的占52.69%。这部分群体大都生活在中小城镇。因此，中小城镇应以这部分群体为突破口，完善农民工社会保障制度、提升社会保障水平、拓宽社会保障的覆盖面，增强这类城市的吸引力。

/现象透析/

城镇化里的“美丽乡愁”

城镇化是经济社会发展到一定阶段的必然产物，也是中国社会以后的发展趋势。官方数据显示，截至2014年，中国城镇化率已经达到54.77%。但是回顾城镇化走过的道路，伴随的是青山绿水的消失，居民耕地的大幅缩减，环境的污染，以及新城市贫困阶层的出现。很显然，这样的城镇化道路并非官方所想、百姓所愿。

城镇化不是简单的农民变市民，也不是平房变楼房，而是一个需要户籍、土地、社保、环保等多个部门互相配合的系统工程。事实证明，如果脱离了实际，违背了自然，没有市民的认同，推进城镇化就会困难多多、问题多多。一些地方大肆掠夺农民土地，赶农民上楼的做法就是典型的胡干蛮干。如何能让居民望得见山、看得见水、记得住乡愁，这是新型城镇化面临的一个新课题，同时也是对领导者和决策者提出的新要求。

3 “以房养老”行得通吗？没有房怎么办？

中国保监会日前正式宣布，未来两年，北京、上海、广州、武汉将正式开展老年人住房反向抵押养老保险试点。

“住房反向抵押养老保险试点”这一拗口的名词被老百姓翻译为“以房养老”，简单说就是老人把房子抵押给保险公司，换取养老资金和服务，身故后保险公司获得房子处置权。

消息公布后，立刻引发全社会热烈关注，各种关于“以房养老”的看法和说法层出不穷。然而仔细观察可以发现，在热议背后，存在着大量对保险版“以房养老”的误解、误读。

究竟政府是不是在甩包袱？保险公司是不是昧着良心想霸占老年人一生的心血？把房子抵押出去是不是从此就回不来了？甚至还有不少老人产生疑问，我们没有房子是不是政府就不管我们的养老？

和火爆的舆论场形成鲜明对比的是，“以房养老”产品在市场上销售遇冷，有些未推出便夭折，有些是无人问津。

2013年12月底，北京市丰台区右安门街道已和人寿保险公司开展合作，在各个社区内推行“以房养老”试点，辖区内2万名60岁以上的老人却无人问津，街道方面称“最终条款没有完全出台”。

“以房养老”到底是什么呢？

根据保监会的《关于开展老年人住房反向抵押养老保险试点的指导意见》，“以房养老”政策只是作为商业保险的一个险种，说白了，就是同意并鼓励商业保险公司研发并销售“以房养老”的保险产品。与所有商业保险产品一样，是否愿意接受、是否选择购买，决定权都在消费者手里。它既不会成为养老的主流方式，也不影响老人享受本来应有的社会养老保险待遇。

办理了“以房养老”后，如果中途后悔，可以通过两种方式拿回自己的房屋和产权：第一，在犹豫期内反悔，为保障老年人的权益，《指导意见》规定，参

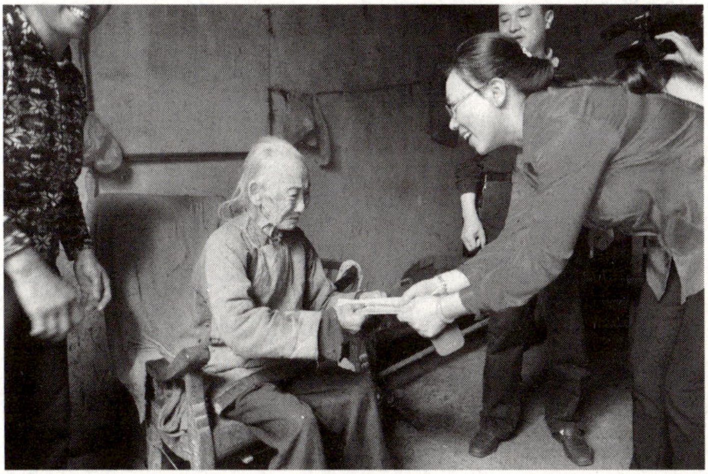

▲“重阳节”期间，南昌市20位空巢老人均收到了5000元福彩公益慰问金。老人如何养老已被社会广泛关注。

与“以房养老”的“客户的犹豫期不得短于30个自然日”；第二种方式是超过犹豫期后，老年人可以采用退保的方式拿回自己的房屋和产权，但抵押人将不可避免地承担一部分提前退保的损失。

而对于许多老年人担心的去世后房子能不能留给孩子的问题，依据规则，只需向保险公司偿还所领取年金的本息即可。以房养老只是“增加了一种新的养老方式”，并且，“有利于拓宽养老保障资金渠道”。

国家基本养老、企业年金和个人补充商业养老，这是养老保险的三大支柱。国家基本养老保险起着决定性的第一支柱作用。据了解，目前我国基本养老保险覆盖人群达到8亿，覆盖面达到80%。与之相比，作为第二支柱的企业年金和职业年金余额到2014年二季度末仅有5300多亿元，覆盖人群只有1900多万，占参加城镇职工基本养老人群的比例很小。第三支柱商业养老保险的发展规模则更小。到2012年年底商业养老年金保险总规模仅为1319亿元。“以房养老”商业保险仅仅是我国社会养老保障体系的补充，这一试点的推出之所以引发巨大的社会争议，恐怕不是“以房养老”的问题，而是基础养老不公不完善所引发的社会焦虑的投射。

延伸阅读

美国、新加坡的“以房养老”模式

美国：美国政府自1989年开始试点运行“以房养老”，到1998年转为正式项目。经历二十多年的发展，现在每年签约量只有7万左右，市场空间非常狭小。美国式“以房养老”是在老人去世后，银行将房子拍卖后连本带息收回贷款。如果房产价值超过贷款本息，剩余部分归还给继承人；如果房产价值不足以偿还贷款本息，由政府负责补足差额；子女如想继承房产，也可将贷款本息还给银行然后将房产赎回。

新加坡：新加坡是实施住房养老模式比较成功的一个国家。退休者将自己的住房抵押给金融机构，按月从该金融机构获得现金收入，退休者仍居住在自己的住房内。当该退休者死亡、出售该住房、搬出或原先商定的贷款期限到期时，金融机构将房屋抵押变现并结算利息。在新加坡，只有私人建造的商品住房才能参加倒按揭操作。

4 政府将采取哪些措施应对老龄化社会的到来?

老龄化的“银色浪潮”来袭，养老压力日益凸显。老何所依？这个问题不仅牵动着每个家庭，更考验着政府、社会的智慧与决心。

数据显示，截止到2012年年底，我国60岁以上的老龄人口已经达到1.94亿，2014年2.02亿，到2020年将达到2.43亿，到2050年我国人口每四个人中就有一个老龄人口。从以往来看，我国社会公众对于自担养老责任的市场化养老保障方式接受度比较低，居民特别是城镇职工更依赖于政府养老、企业养老。当前，我国的养老保障体系现状如何呢？

首先，尽管我国已初步建立了养老保险法律制度，但现行的养老保险制度在一定程度上滞后于经济社会发展，不能完全适应应对人口老龄化的需要。具体表现在：一是城乡之间、不同人群之间养老保险制度的差异较大；二是养老保险基金统筹层次不高。目前，养老保险基金基本实行省级统筹，一些地方仍然是市县统筹，影响了养老保险基金统筹效果的发挥；三是单位缴费费率偏高；四是养老保险待遇转移接续办法不健全，城镇不同人群之间养老保险关系不能正常转移接续；五是对养老保险基金的管理、监督还不够规范。

其次，目前，我国的老龄人口数量和比例都在快速上升，但我国养老服务业养老服务和产品供给不足、市场发育不完善、养老服务的扶持政策不健全、体制机制不完善、城乡区域发展不平衡等问题还十分突出。

▲老龄化社会到来，我们准备好了吗？

再次，整个养老服务领域竞争不平衡。民营养老机

【名词解释】

老龄化

顾名思义，老龄化指的是在社会总人口中老年人的比例越来越高。国际上对“老龄化”最简单的两条评判标准是：60岁以上的人口数占总人口数的比例超过了10%或65岁以上的人口数占总人口数的比例超过了7%。2005年年底全国1%人口抽样数据显示，我国65岁以上人口达到10055万人，占总人口数的7.7%。根据国际通行的评判标准，我国已成为人口老龄化国家。

构在拿地和资金投资上面都较为困难，往往地处偏远，价格昂贵或者利润微薄难以维系。公办养老机构运转不灵活，虽然价格合理却“一床一位难求”。同时，制约养老服务业发展的还有人才瓶颈，由于养老服务业的公益性较强，专业人才难觅，培养出的人才也因为待遇原因难以留住。

最后，我国养老产业虽已涉及养老服务、医疗保健、旅游、教育等领域，但多数为中小规模企业，实力不强，相关行业中实力强劲的投资者还未大规模进入。

从2003年开始，国家扶持养老产业的政策开始批量出台，确定了“以居家为基础、社区为依托、机构为支撑”的养老产业框架。这为全新的养老产业发展提供了巨大的空间。

当前，一方面要通过顶层设计推进统一的城乡居民养老保险制度，完善养老金的筹资水平和方式，通过增量改革和结构调整来推动制度完善；另一方面，要建立基本养老金正常调整机制，科学、细致地对养老金调整制定“时间表”和“路线图”，保障老年人实际生活水平不降低。

同时，应对中国社会老龄化，要充分发挥市场在资源配置中的决定作用，调动社会力量的积极性，使其成为发展养老产业的主体。政府应该保障基本，兜住底线，着力帮助特殊困难老年养老的需求，同时提供公共服务，加强市场监管和引导，通过规划以及财税、价格、土地、投融资、人才等政策扶持和引导产业的健康发展。

在我国发展养老服务业，不是单纯地建养老院、搞养老地产，而应从目前的国情出发，形成以居家养老为基础的养老服务体系，重点提升社区服务和居家服务。

未来养老服务业有四个主要发展方向：第一，养老服务逐步社会化。包揽养老福利的政府负担沉重，需要鼓励社会各界力量运用各自资源提供养老服务；第二，养老服务趋向市场化。随着老年人口的收入逐步增加，老年人需求更加趋向于个性化和多元化；第三，养老服务走向产业化；第四，养老服务逐渐标准化。

/数据说话/

养老保险的三大支柱

学界和业界多次提到养老保险体系的三大支柱，这就是基本养老保险、企业年金和个人商业养老保险，也就是说国家、企业、个人将共同承担老龄化社会高峰到来之际的养老支出。

基本养老保险是社会保险的一部分，2013年基本养老保险基金累计结余为31275亿元，而2012年为26243亿元。养老人数亦在增加：2013年，全国有13768万城乡居民领取基本养老金，城镇居民参保离退休人员8041万人。而2005年全国共有离退休人员5088万人。

第二、三支柱则作为补充性养老保险。企业年金增速较快，基金累计结余从2006年的910亿元增至2013年的6035亿元。

商业养老保险规模不大。据保监会数据，养老保险保费每年将近1000亿元，占人身保费收入的15%左右，仅有940万人次的有效承保人。养老保险相关产品占商业保险产品的2.3%，选择也甚少。

5 养老机构为何总是“一床难求”？

“想进北京最火养老院，要排100年”的消息，曾经在社会上引发热议。虽说实际情况可能没有此说法这么夸张，但是“一床难求”却是事实。

这并非个别现象。据民政部统计，截至2012年年底，全国有各类养老机构4万多家，养老床位390万张，仅占60岁以上老年人口的1.32%，平均每千名老年人拥有养老床位20.6张。

2013年广东省人大常委会审议的一份调研报告中指出，广东省级财政对社会养老服务事业投入尚少：2012年，广东省级财政安排专项经费5520万元，用于全省敬老院和福利院建设，而江苏、浙江和云南3个省的省级财政投入养老服务分别为4亿元、3亿元和1.25亿元。然而，即使在投入很高的江苏省，“一床难求”也是普遍现象。

公立养老院“一床难求”，养老机构缺失恰恰反映了养老市场资源配置不合理，而供需矛盾是养老院难进现象的最根本原因。

首先是目前公立养老院服务效率跟不上需求。目前全国有养老机构44000多家，其中超过七成属于公办养老机构。公办养老机构最大的缺点是效率低下，服务成本很高，时间一长难以为继。

▲安徽池州一养老院为老人过生日。照顾夕阳老人的养老产业在我国属于朝阳产业。

我国《老年人权益保障法》中规定，政府投资兴办的养老机构，应当优先保障经济困难的孤寡、失能、高龄等老年人的服务需求，国务院《关于加快发展养老服务业发展的若干意见》中提出，要办好公办保障性养老机构，各地公办养老机构要充分发挥托底作用，重点为“三无”老人、低收入老人、经济困难的失能、半失能老人提供无偿或低收费的供养、护理服务。而目前我国公办养老机构中入住的老人大多数都属于这些规定中要求的弱势老人，若还有闲置床位，才会向社会开放。

按5%最弱势的老年群体入住养老机构计算，全国需要1000万张床位，而当前城乡养老床位总计不过400万张，不计土地费用，每张床位平均投资10万元，仅床位建设一项，就有近6000亿元投资缺口。当前政府通过举办公立养老院的方式，服务600万~700万的弱势老人，无法适应两亿人的养老需求。目前要进行的改革，就是要从政府包揽走向政府与社会、市场的联合。

所以，《国务院关于加快发展养老服务业的若干意见》中提出，开展公办养老机构改制试点，政府投资兴办的养老床位逐步通过共建、民营等方式管理运营。

其次，我国尚未建立良好的居家养老服务模式。2010年，基本养老服务体系建设规划跻身“十二五”专项规划，提出到“十二五”末，居家养老服务设施要覆盖我国所有城市社区和一半的农村社区。但这一目标时间过半，完成的任务却没有过半，城市覆盖率达到41%，农村只有17%。

当前我国居家养老服务还存在很多不足，譬如社区缺乏配套公共服务设施，在一些城市规划中没有将社区公共服务设施特别是居家养老的服务设施纳入规划，导致没有设施建设用地。同时，对合格的居家养老服务团队培植不力。此外，政府居家养老支持政策也有所缺失，导致老年人养老、护理等养老方面的资金补贴很低，这些都使得居家养老没有达到预期目标，最后导致养老院床位“一床难求”。

现象透析

养老院要建在“一碗汤的距离”内

日前，在养老服务领域，政府养老用地通过挂牌方式出让，民营企业高价办养老服务，引起了社会极大的关注。

养老服务业用“一碗汤的距离”来描绘养老院的最佳位置，一碗滚烫的汤端到老人所在养老院，刚刚好温乎可以喝，意思是养老院应该离子女、医院等老人养老需要的位置较近。然而，因为土地价格、政府补贴不到位等问题，许多中端价位的民营养老院不得不选址在远郊外。有的甚至在非常偏僻的地段，不要说医院、超市、公交车站，人烟都稀少。这也成为许多老人不愿意住养老院的重要原因之一。

有调查表明，我国亟待通过社会化养老来减少养老平均支出。为了推进民营资本进入养老服务市场，国家相关利好政策频出，一民营养老机构负责人曾经在接受记者采访时表示，政策还都在落实过程中，民营养老机构在融资、拿地以及申请养老补贴方面还存在诸多的“肠梗阻”，中等价位养老机构是微利甚至赔钱行业。

可以肯定，随着地价“水涨船高”的高端养老服务是绝大部分老人享受不起的。增加中等价位的养老机构，解决普通老人居家养老的困难，才是当务之急。

6 如何减轻“一对夫妻养四个老人”的重担?

我国第一代独生子女已长大成人，并开始养育下一代。随着独生子女规模迅速激增的，还有由4位老人、1对夫妻和1个孩子构成的“421”家庭。研究数据表明，目前我国60岁以上人口已经占了总人口的10.2%。20年后，65岁以上老年人口的比例将高达23%。未来10年，我国“421”家庭的数量至少会有上千万个。

在这样的家庭里，在职职工供养退休人员的负担较大。“421”家庭引发的最主要社会问题就是养老压力。

最近一项对京沪穗城市居民的调查显示，35%的城市家庭要赡养4位老人，49%的城市家庭要赡养2位至3位老人。而从赡养费看，35.6%的城市家庭每年花费超过1万元。

据上海社科院青少年所的调查显示，有五分之一的独生子女表示在婚后5年内“要事业不要孩子”。根据预测，到2050年，我国平均一个劳动人口就要赡养一个退休人员。在“421”家庭里，养老负担只会更重。如果独生子女夫妇的下一代还是独生子女，那么第三代就要面对一对年轻夫妻赡养12位老人的局面。就算金钱上能应付，精力上也难以支撑。

▲陕西宝鸡一农户家中，两位空巢老人留守老家照顾孙子、孙女，儿子、儿媳在北京打工，春节没有回家。

在“421”家庭里，由于子女数量少，许多老人处于“空巢”状态，导致险情频出。根据北京市、上海市近年来的调查，两个城市老人家庭的“空巢”比例分别达到34%和36.8%。

全国老龄委最近在

大中城市进行的老年人居住情况调查结果令人吃惊：北京市安德里社区老年人的"空巢"比例为55.63%，沈阳市铁西区康宁社区和太原市杏花岭区锦绣园社区的"空巢"老人比例更是分别高达73.18%和71%。

西北大学公共管理学院社会保障系主任许琳认为，老年人晚年的需求是多方面的：包括经济供养、生活照料、精神慰藉、医疗保障等方面。其中需求比例最高的是生活照料，这就需要建立和完善适合我国国情的社会化养老保障体系。

许琳认为，在我国当前的情况下，必须在一个相当长的时期内坚持社会养老与家庭养老相结合，充分发挥二者各自的优势。一方面要完善对老年人的社会服务，发展各种形式的养老院、福利院、老年公寓、托老所等，发挥社会养老服务机构的功能。另一方面，要大力发展居家养老和社区服务养老，使老年人既能生活在熟悉的生活环境里，又有发挥社区老年人互相帮助的优势，这对老年人、对家庭、对社会都是最好的选择。

完善社区养老配套服务，是有效解决"421"家庭的养老问题的应有之义。政府要在社区养老事业发展方面承担主导的责任，打破观念和政策上的壁垒，改变当前政府单一供给模式，建立起"以政府为主导、政府和市场相结合"的社区居家资源供给格局，充分发挥市场在社区居家资源配置中的基础性作用。建立起以市场为第一层次，政府和市场结合为第二层次，完全政府提供为第三层次的多元化、多层次社区居家养老服务体系。通过法律规范、政策引导、税收优惠、完善标准、建立准入和退出机制，使得各种营利性和非营利性服务组织在社区居家发展中相得益彰。这样，大量普通的老年人通过市场购买服务，特定困难群体通过政府购买服务，从而建立起一个满足老年人高品质生活、繁荣蓬勃的老年社区居家服务新体系。

不过，从总体情况看，目前，我国社区养老服务还处于起步阶段，服务与需求还存在较大差距。中国老龄科学研究中心的调查表明，目前我国城市社区提供送餐服务的覆盖率仅为19.5%，能够上门为老年人提供护理服务的覆盖比例，城市为55.1%，农村仅为8.2%。有关专家表示，对老年人的服务不只是简单的送餐、沐浴、理发、洗衣被、居室打扫一类，还包括康复护理、读报陪聊、紧急援助呼叫等。但目前我国的居家养老服务还只是星星之火，服务能力薄弱。特别是医疗保健、精神慰藉等方面的服务还十分欠缺。而专业的居家老人健康护理几乎也是空白状态。同时，居家养老还需要改变老人的观念，因为目前很多老人还不愿自己掏钱买服务。

当前，要充分利用和发展社区养老体系，要为“空巢老人”提供更多的服务，增强消费吸引力，如：呼叫服务、餐饮服务、钟点工服务、医疗服务、文化娱乐等，形成服务功能完备、形式多样、管理手段先进、设施齐全、网点分布合理、质量上乘的社区服务体系。

/数据说话/

九成“80后”称自己无法赡养父母

《中国青年报》的一项调查显示，九成“80后”称自己无法赡养父母。其中，有一半以上的“80后”还需要父母进行资助。74.1%的人表示生活工作压力大，照顾父母力不从心；50.1%的人表示生活在两地，无法把父母接到身边照顾；42%的人表示社会保障、医疗保险不同城市无法互通。

/延伸阅读/

农村老人更容易被忽略

当前城市化大潮下，人口流动、家庭小型化也大大冲击了家庭旧有的代际抚育功能。民政部及中国老龄委数据显示，城市老年人“空巢”家庭的比例已达49.7%。而在农村，大量青壮年外出打工，老人、孩子和中年以上的妇女在家留守几乎成为常态。

据中国社科院社会政策研究中心2008年在山西、陕西、甘肃农村的调查，70岁以上的高龄老人超过一半得自己照顾自己，或由配偶照顾。即使家庭成员尽到照护义务，赡养质量也常不尽如人意。来自社科院的一份《融入社区健康服务的中国农村老年人照护服务研究》显示，传统家庭照护标准低，专业性差。在农村的农忙季节，家人对老人的照顾容易被疏忽或中断，身边无子女的老人更易被忽略，甚至一些子女在身边的老人还遭遇弃养。

第6章

碧水蓝天的日子会越来越多吗?

空气污染、水污染、重金属污染、土壤污染……在国家快速发展、转型的历史关键期，生态问题已经成为摆在国人面前，亟需面对和解决，不能逃避也无法逃避的重大问题。

那么，谁来承担保护生态的责任和义务？应当怎样爱护我们的环境？显然，政府、官员、社会机构和普通民众都不可能置身事外，更不应袖手旁观。

面对严峻的形势，党的十八大报告首次把“美丽中国”作为生态文明建设的宏伟目标。政府工作报告再次强调，要顺应人民群众对美好生活环境的期待，大力加强生态文明建设和环境保护。

环保部相关人员也曾向公众表态：国家加大环境污染治理力度，并阐发了“治污先治官、治官先治人”铁腕治污措施。而近年来，作为“补课”，我国一些环保标准和法律相继出台和修订。

与此同时，一场场“爱护环境、保卫家园”的社会公益行动正在蓬勃兴起！显然，只要齐心协力，“美丽中国”并不遥远！

1 雾霾为何成为挥之不去的痛?

2015年春节刚过，知名媒体人柴静制作的调查节目《穹顶之下》再次引起公众对雾霾的关注。之所以这个话题会引起全民大讨论，是因为空气污染的危害比什么都可怕，任何人都逃不掉它的惩罚!

2012年冬，中国四分之一国土面积、约6亿人受雾霾影响；2013年，中国平均雾霾天数创52年之最；2014年秋至2015年伊始，浓雾频频造访。

2015年2月，国家环境保护部在北京公布了2014年京津冀、长三角、珠三角74个城市空气质量状况。结果显示，2014年中国空气最差十城中，京津冀占据八席。环保部评价，目前中国大气污染形势依然严峻，重污染天气频发势头未根本改善。

雾霾天气是一种大气污染状态，雾霾是对大气中各种悬浮颗粒物含量超标

▲雾霾笼罩下的石家庄高铁站。近两年，雾霾成为国人心头挥之不去的痛。

的笼统表述，尤其是PM2.5被认为是造成雾霾天气的“元凶”。由于雾霾主要由二氧化硫、氮氧化物和可吸入颗粒物这三项组成，它们与雾气结合在一起，让天空瞬间变得阴沉灰暗。

当然，雾霾的源头多种多样，比如汽车尾气、工业排放、建筑扬尘、垃圾焚烧，甚至火山喷发等，雾霾天气通常是多种污染源混合作用形成的。但各地区的雾霾天气中，不同污染源的作用程度各有差异。

【名词解释】

PM2.5

PM2.5的中文名为细颗粒物，指环境空气中空气动力学当量直径小于等于 2.5 微米的颗粒物。它能较长时间悬浮于空气中，其在空气中含量浓度越高，就代表空气污染越严重。虽然PM2.5只是地球大气成分中含量很少的部分，但它对空气质量和能见度等有重要的影响。与较粗的大气颗粒物相比，PM2.5粒径小，面积大，活性强，易附带有毒、有害物质（例如重金属、微生物等），且在大气中的停留时间长、输送距离远，因而对人体健康和大气环境质量的影响更大。

提及雾霾天气对于人体的危害，中国工程院院士、著名呼吸内科专家钟南山接受央视采访时说，“雾霾的危害不光是对呼吸系统，对心血管、脑血管、神经系统都有影响。北京十年来肺癌增加了60%，空气污染是一个非常重要的原因。”

显然，面对空气污染，面对雾霾的危害，我们已经没有理由坐以待毙了。大气污染防治“同呼吸、共命运”的各项举措已经启动。

2013年9月，国务院发布《大气污染防治行动计划》（以下简称《计划》）。根据《计划》，国务院与各省（区、市）人民政府签订大气污染防治目标责任书，将目标任务分解落实到地方人民政府和企业，并建立严格的考核评价机制。

2013年10月，国家卫生计生委印发《2013年空气污染（雾霾）健康影响监测工作方案》，提出将通过3~5年时间，建立覆盖全国的空气污染（雾霾）健康影响监测网络，掌握不同地区PM2.5污染特征及成分差异，了解不同地区空气污染影响健康状况。

2014年1月，国家环保部与全国31个省（区、市）签署了《大气污染防治目标责任书》，明确各地空气质量改善目标和重点工作任务，进一步落实地方政府环境保护责任。

“改善空气质量的首要任务是控制PM2.5！”2014年2月25日，习近平在北京市考察工作时曾如此强调。他同时指出：加大大气污染治理力度，应对雾霾污染、改善空气质量，要从压减燃煤、严格控车、调整产业、强化管理、联防联控、依法治理等方面采取重大举措，聚焦重点领域，严格指标考核，加强环境执法监管，认真进行责任追究。

视野延伸

世界各国对待雾霾措施

英国：英国人反思空气污染造成的苦果，催生了世界上第一部空气污染防治法案《清洁空气法》的出台。

欧盟：要求其成员国2012年空气不达标的天数不能超过35天，不然将面临4.5亿美元的巨额罚款。

美国：国家环保署在1997年7月率先提出将控制PM2.5作为全国环境空气质量标准。美国公民可以对PM2.5的标准监控程序进行监督，根据公布的全年监测统计和日常监测数据，参与所在州的环保机构举行的公共听证会。

德国：2013年，德国大力鼓励机动车安装尾气清洁装置，安装过滤器的车主可获得国家补贴。

日本：通过城市绿化治理空气污染。东京规定，新建大楼必须有绿地，必须搞楼顶绿化。2003年，东京立法要求汽车加装过滤器，并禁止柴油发动机汽车驶入该市。东京所有出租车使用的都是天然气。

2 生命之水：多少忧虑、多少重担?

水污染不仅会造成数额巨大的经济损失，更直接危害百姓的饮用水安全。据世界权威机构调查，在发展中国家，各类疾病有80%是因为饮用了不卫生的水而传播的，每年因饮用不卫生水至少造成全球2000万人死亡。

水污染防治一直是国家重点关注的领域，2012年，国家批复《重点流域水污染防治规划（2011-2015年）》，积极开展水生态保护和修复工作。2013年4月，《华北平原地下水污染防治工作方案》发布。这都标志着我国水污染治理工作迈出了重要一步。

但是，当前我国水污染的整体形势仍不容乐观。按照水资源的分布，可以分为地表水与地下水两大类。以国家公开的数据分析，两者的受污染状况都十分严峻。

环保部门公布的调查数据显示，2012年全国十大水系、62个主要湖泊分别有31%和39%的淡水水质达不到饮用水要求，严重影响人们的健康、生产和生活。

而据环保部发布的《2011年中国环境状况公报》显示：2011年，全国共200个城市开展了地下水水质监测，共计4727个监测点。水质监测结果显示，优良-良好-较好水质的监测点比例为45.0%，较差-极差水质监测点比例为55.0%。

更值得警惕的是：我国水资源总量的1/3是地下水。地下水不同于地表水，被喻为人类的“生命水”。一旦遭受污染，治理需千年的时间。

那么，造成地下水污染的原因有哪些？研究者认为，地下水污染

▲浙江一污水处理厂。生命之水承载了人类太多的重担。

的来源有：沿海地区海水入侵和倒灌；工业“三废”(废水、废气、废渣)排放；农药、化肥等残留污染；生活垃圾、污水排放等多个方面。其中，工业废水排放不达标是造成地下水污染的主要因素。近年来，山西长治苯胺泄漏污染河流事件、广西贺江水污染事件、山东潍坊等地企业高压泵地下排污事件等接连发生，令人警醒。

据初步统计，在近五年中，我国政府斥资7000亿人民币用于水污染治理。2013年年初，国务院办公厅印发《实行最严格水资源管理制度考核办法》。此举标志着中国最严格水资源管理责任与考核制度的正式确立。

2014年，根据环保部监测结果显示，近几年来，全国地表水，尤其是十大流域的水质不断改善。2014年十大流域好于Ⅲ类水质断面比例是71.7%。Ⅳ、Ⅴ类是19.3%，劣Ⅴ类是9%，相对于2012年、2011年都有所改善。

2014年6月4日，在国务院新闻办举行的新闻发布会上，环保部副部长李干杰表示，《水污染防治行动计划》即将全面实施。这项总投资预计超过2万亿元的计划草案已报请国务院审议。

中国工程院院士、中国科学院生态环境研究中心研究员曲久辉介绍，根据《“十二五”全国城镇污水处理及再生利用设施建设规划》的要求，污水处理厂出水水质要从一级B全面提高到一级A。

/现象透析/

中国城市供水水质不达标问题突出

2012年6月，国家发改委发布《国务院关于保障饮用水安全工作情况的报告》。报告显示，中国城市供水水质不达标问题突出。全国有一半以上的城市供水管网漏损率高于国家标准规定值，年漏损水量达60亿立方米，造成水质在输送过程中下降。

据悉，城市供水水质不达标的主要原因有以下几点：一是水厂设施陈旧；二是管网老化，漏损和二次污染严重；三是以屋顶水箱和地下水池为主的城市二次供水设施管理不到位，部分设施不能及时清洗消毒，导致水质合格率降低。

3 “碧水蓝天”与“高GDP”能否兼得?

GDP是判断一个国家经济状况的重要指标，但GDP并不是万能的，一味追求GDP，只会使一个国家的经济陷入GDP陷阱，最终自食恶果。

客观地说，很长一段时期，我们曾陷入误区，认为发展经济与保护环境是对立的，只有先发展、先污染、后治理这一条道。于是，一些地方官员盲目追求GDP，置环境于不管不顾。

改革开放三十多年，中国经济发展的高速度让世界瞩目，GDP节节攀升。而另一方面，我们的资源消耗速度、环境污染程度同样惊人。有研究认为，在中国的GDP增长中，至少有18%是依靠资源和生态环境透支获得的。官员政绩考核体系过于看重GDP，成为导致诸多地方片面追求GDP增长速度的重要因素。

那么，要GDP还是要环境？有人认为，我们逃脱不了西方发达国家走过的那条老路——“先发展后治理”。但是，国家宏观层面对于可持续发展战略的运筹帷幄，已经堵住了这条发展路径。毕竟，有研究表明，中国环境污染损失增速已经超过GDP增速，高消耗、高污染、高风险的发展方式不可持续。

2012年年初，环境保护部环境规划院公布的《2009年中国环境经济核算报告》显示，我国环境污染治理压力日益增大，自2004年以来，基于退化成本的环境污染代价从5118.2亿元提高

▲山西一焦煤企业的排污烟囱。一味追求GDP让蓝天碧水成为奢望。

【名词解释】

“绿色”GDP

所谓绿色GDP，是指用以衡量各国扣除自然资产损失后新创造的真实国民财富的总量核算指标。简单地讲，就是从现行统计的GDP中，扣除由于环境污染、自然资源退化、教育低下、人口数量失控、管理不善等因素引起的经济损失成本，从而得出真实的国民财富总量。

到9701.1亿元。2008年的环境退化成本为8947.6亿元。2009年环境退化成本和生态破坏损失成本合计13916.2亿元，较上年增加9.2%，约占当年GDP的3.8%。而2009年中国GDP增幅为8.7%。

显然，在转型发展的历史关键期，我们需要GDP，不能放弃GDP——没有经济发展，就没有人民美好生活的物质保障！但是，我们更要合理地应用GDP，还GDP以本来面目——要把环保指数、幸福指数等有利于社会发展和百姓幸福的指数与GDP看得一样重要。

值得一提的是，2014年4月新修订的《环保法》首次明确提出“保护优先”的原则，并且作了一些制度上的安排和创新，规定国务院有关部门和各地政府在制定经济、技术政策时，应当充分考虑对环境的影响，听取有关方面和专家的意见。

/政策传真/

政绩考核不唯GDP

2013年12月，中组部下发《关于改进地方党政领导班子和领导干部政绩考核工作的通知》，核心就是政绩考核要去GDP化。中组部明确指出，给国家利益造成重大损失的，损害群众利益造成恶劣影响的，造成生态严重破坏的，盲目举债留下一摊子烂账的，要记录在案，视情节轻重，给予处理或处分，已离任的也要追责。

4 “法”与“罚”能否阻止污染的脚步?

近年来，企业非法排污事件屡屡发生，为何企业非法排污行为屡禁不止呢?

根据我国现行法律，对污染者罚到顶就是100万元，“违法成本低”是我国环境污染事件频发的一个重要原因。

中国环境科学学会副理事长杨朝飞认为，企业违法成本过低有三方面原因：一是现在尚未全面推行排污费和环境税，企业排污成本低；二是企业如对百姓的财产和人身造成影响，就需进行赔偿，但目前法律落实并不好；三是企业在污染环境后，行政处罚过低。

试问，一次非法排污可创造数十万到上百万的利润，与几万的支出相比，又有几个企业抵得住如此巨大的经济利益诱惑呢?

再者，守法成本过高，也是企业不愿治理或治理不起的重要原因。

企业守法成本高表现在：一是治污设施建设和运行成本高。以污水处理为例，造纸行业一套日处理能力为150吨的碱回收工程需投资近亿元，运行费用可占其销售总收入的10%以上。如此巨额投资，以追求利润最大化为目的的企业是不太情愿付出的；二是遍布全国的成千上万中小企业，由于规模和技术限制等因素，污染治理成本已远高于其可能获得的经济效益。既然违

▲北京郊区，市民在植树。恶化的环境让人们意识到了保护环境的重要性，纷纷加入到保护环境的队伍中来。

法者占便宜，守法者会吃亏，那么，一些企业便铤而走险，违法排污。

而且，我国环保监管也面临着一些体制、机制上的困境。因为基层环保部门隶属于基层政府，所以，其执法时难免瞻前顾后、投鼠忌器，不敢轻易使用刚性手段——面对污染问题，许多环保部门出现了“不敢管”“不敢罚”“不敢报”的尴尬局面。

针对这些现实难题，近年来，增加企业违法成本，强化环保监管的呼声一直不断。其中，对于理顺环保监管机制、建立环保独立监管、执法机制的期待，尤为强烈。

目前，伴随着《环保法》修订，国家环保监管转型的脚步也渐趋紧凑。

比如，老《环保法》环境监管是以点源为基准，一个个企业去监管，而我们现在的环境污染是区域性、流域性的，包括农村的面源污染。新《环保法》引入了环境许可证管理，包括农村农药化肥施用也有选择和规定，对大气雾霾、水流域污染专门作出了规定，明确水和大气的联防联控机制。

比如，新《环保法》增加了环保查封、扣押权、行政代执行等举措，改变以前环保监管部门没有执法硬招的时候遇到的尴尬境地。所谓行政代执行，即如果让你治理污染你不治理的，我找人给你治理，费用由你承担。

比如，新《环保法》明确规定：企业事业单位和其他生产经营者违法排放污染物，受到罚款处罚，被责令改正，拒不改正的，依法作出处罚决定的行政机关可以自责令更改之日的次日起，按照原处罚数额按日连续处罚。

除“按日计罚”外，还建立“黑名单”制度，将环境违法信息记入社会诚信档案，并将向社会公布违法者名单。

……

无规矩不成方圆。可以说，国家通过《环保法》的修订，弥补了环保执法过程中的“漏洞”，为加强环境治理提供了坚实的法制保障！

历史的经验与教训一再提醒我们，只有强化法制监督，强化环境监管，强化惩处力度，强化民众知情权益等，才能让违法者望而却步，才能有效促进环境保护。

/重磅声音/

环保部长：独立进行环境监管和行政执法

2014年2月，针对中央提出的改革生态环境保护管理体制要求，时任环保部部长周生贤强调：实行独立而统一的环境监管。健全“统一监管、分工负责”和“国家监察、地方监管、单位负责”的监管体系，有序整合不同领域、不同部门、不同层次的监管力量，有效进行环境监管和行政执法。

周生贤提出，加强对有关部门和地方政府执行国家环境法律法规和政策的监督，纠正其执行不到位的行为，特别是纠正地方政府对环境保护的不当干预行为。加强环境监察队伍建设，强化环境监督执法，推进联合执法、区域执法、交叉执法等执法机制创新，严厉打击企业违法排污行为。

/实践创新/

四川绵阳：官员离任须经过“环境评估”

2014年7月，四川省绵阳市制定出台相关举措，提出以定性与定量相结合的方式进行考核，客观评价党政主要负责人任期内生态文明建设成效及存在的问题。据悉，《评估体系》分为生态空间、生态环境、生态经济、生态文化、生态人居、生态制度6个大项。下设32个小项，包括生态环境损害责任追究制、公众对生态环境的满意度、是否引进“两高一资”企业、生态文明知识普及率、生态环保投资占财政收入比例、耕地保有量等。

5 改变环境，老百姓能做些什么？

所谓，不积跬步无以至千里，不积小流无以成江海。

环境保护离不开公众参与。纵观发达国家的环保历程，政府、企业和公众，始终是环境保护的三大支柱。每一个人都应该为保护环境，贡献自己的力量！

为什么这么说呢？难道不应该把这样的重担一股脑儿地托付给政府和企业吗？

首先，任何一个人都可能成为生态环境的破坏者，应当为自己的行为负责。

扪心自问：你是否对于高排气量的豪华汽车，更为喜爱？你是否拥有着良好的垃圾分类习惯？你是否对电池、废弃手机等高污染垃圾，定点投放？你是否购买着能够造成“高污染”的工业制品？你是否对因自己不文明的生活习惯而造成

▲“地球一小时”活动中，北京市民在鸟巢前参与熄灯活动，呼吁人们保护地球。

的些许浪费、污染，不屑一顾?

显然，也许就在不经意之间，你我已经成为了环境的破坏者，乃至生态的“刽子手”。据2013年2月18日《瞭望新闻周刊》公布数据显示，目前全国600多座大中城市中，有2/3陷入垃圾的包围之中，且有1/4的城市已没有合适场所堆放垃圾。而且，垃圾产生量每年以约8.98%速度递增。

其次，任何一个人都是生态环境破坏的受害者，自我保护是一种本能，更是对于子孙后代的责任与义务。

值得一提的是，新修订的《环保法》将每年的6月5日定为环境日。与此同时规定：公民应当增强环境保护意识，采取低碳、节俭的生活方式，自觉履行环境保护义务；配合实施环境保护措施，按照规定对生活废弃物进行分类放置，减少日常生活产生的废弃物对环境造成的损害……

当然，公众充分参与环境保护的基础是，确保公众充分享有环境知情权、参与权和监督权，而做到这一点的前提是环境信息公开。新修订的《环保法》对政府和企业的环境信息公开作了明确具体规定。

近年来，我国在环境信息公开方面，已经有了一些突出进步。比如，天气预报中对于PM2.5信息的披露等，已经形成了常态化。而一些专业性生态环境报告，也通过媒体的进一步解读，扩大了信息公开。然而，环境信息公开方面依旧存在诸多不足。尤其是在一些涉及公众切身利益的公共建设项目方面，环境信息公开不充分、信息过于专业化、解读不详尽等问题依旧突出。这也间接导致了公众与管理部门间的矛盾与误解。

诚然，在环境保护、生态建设方面，政府、企业与公众是“三驾马车”。政府是主导，企业是主力，公众是“星星之火”。只有三者之间的良性互动，才能齐心协力，共建“美丽中国”。

/数据说话/

城镇污水排放逐年递增

环保部统计数据显示，我国城镇污水排放量占废水排放总量比例逐年提升，从2001年的53.2%上升到2012年的67.6%。2001~2012年，我国城镇生活污水排放量年均增量19.4亿吨，占废水排放总量年均增量的92.2%。

/现象透析/

一次性筷子“扫荡森林”

2013年两会期间，全国人大代表、吉林森工集团董事长柏广新算了一笔账。他介绍，中国每年生产约800亿双一次性筷子，这相当于每年要砍伐2000万棵生长20年的大树——“木材资源的浪费，已经导致国家森林覆盖面积的大幅减少。”

2014年2月25日，第八次全国森林资源清查结果发布，我国的森林覆盖率为21.63%，较第七次清查的此项结果20.36%有所提高。但我国森林覆盖率远低于全球31%的平均水平，人均森林面积仅为世界水平的1/4，人均森林蓄积只有世界人均的1/7，森林资源总量相对不足、质量不高、分布不均的状况仍未得到根本改变。显然，当下人们的一些工作习惯、饮食习惯、消费习惯等正在无形中为子孙后代“挖坑”，压缩他们的“生存空间”。

第7章

和谐的社会秩序离我们还有多远?

2003年十六届三中全会，中央提出“科学发展观”。此后，又提出“和谐社会”的概念。

2004年十六届四中全会，“和谐社会”被列为党全面提高执政能力的五大能力之一。

十年来，建设和谐社会成为政府工作的重要目标。然而，也是在这十年中，不断涌现的非道德事件，不断冲击着社会的底线。

道德、法治、公平、正义，和谐的涵义中必须包含这些人类社会最基本的运转秩序。道德体系在旧有秩序的崩塌中重建，重新点燃的道德之光引领着人们在经济迷途中重新找回精神的家园。

1 “扶不扶”为何会成为一个问题?

“扶不扶”这个源自2006年一起偶发事件的问题，成为大众热议的热点，一直延续至今。

2006年11月20日早晨，一位老太在南京市广场一公交站台，被撞倒摔成了骨折，鉴定后构成8级伤残，医药费花了不少。老太指认撞人者是刚下车的小伙子彭宇，并告到法院索赔13万多元。彭宇则表示无辜，他说自己是主动过来扶老太的好心人。一时间，一出道德的罗生门在媒体的助推下，愈发扑朔迷离。最终，法院判决彭宇对此担责，承担一定的赔偿义务。

在究竟是做好事，还是肇事者的案件迷雾中，媒体的舆论引导唤醒了来自人们内心对于道德危机的潜意识。当社会中，大多数人对整体社会道德存疑时，一个偶然出现的新闻事件，刚好承载了人们的这种潜意识。加之法院办案方式的粗糙，而在司法领域乃至整个社会中蔓延开来的对官场腐败的诟病，助推了人们“好人被诬陷”的武断判断。

当彭宇与老太以及相关法院，在舆论一波又一波的漩涡中都选择逃避时，道德危机感弥漫于整个社会。自此，媒体中，有关“扶不扶”的新闻隔三差五地不断轰炸人们内心的道德底线，一次次加重着这种危机感。

由于道德价值体系出现紊乱，人们难以找到稳定的价值体系、价值坐标和行为规范，内心的虚无造成行为上的反道德，内心的焦虑需要在现实中找到投射。从历史上看，中国的传统文化或伦理道德的范式中，一直把老人当成道德的标识和引领者。一旦这一群体出现道德堕落的问题，很容易让人们以审丑的心态去炒作放大，并依此作为社会堕落的佐证。

应该说，就具体问题而言，媒体、法院在其中起到了负面作用。但从社会背景看，这无非是人们内心隐忧找到了承载和释放的具体事件。

新闻的猎奇性，决定了最初对于非道德事件的不断追逐。但这一性质，也决定了当道德滑坡弥漫于社会后，他们对挖掘真善美的新一轮追逐。

▲"最美检察官"评选现场。

我们熟知,"最美妈妈"吴菊萍的临危一托,"最美司机"吴斌最后一刹,"最美教师"张丽莉为学生在危难面前挺身而出,"最美爸爸"黄小荣的纵身一跃……一系列社会中自然涌现的好人好事,他们给人以精神鼓舞的同时,也从另一角度否定了对我国道德体系全面溃败的片面定性。应该说,有着深厚文化历史渊源的礼仪之邦,那些来自民族最深处的道德传承并未坍塌,在社会道德主流积极向上的同时,伴随着经济发展、法治环境不够完善而来的非道德产物,应该被看作是一个时代进步过程中的必然阶段。

当然,将大众普遍的道德焦虑归咎于媒体也有失偏颇。主流社会中,来自精英阶层的道德溃败,无形中放大着人们的道德疑问。比如,医生"榨取"患者金钱,法官集体违法嫖娼,教师屡曝猥亵幼女丑闻……这些被赋予各种神圣光环的职业群体中,不断出现刷新大众底线认识的丑闻,而来自官员的严重腐败,更加重了普通人对道德缺失的普遍焦虑。

来自草根人物的道德温暖,那是一种自发的最纯真的人性光辉。草根不需要作秀,散发的道德魅力才能更感染人。然而,一个社会的道德出现了问题,并不能全部仰赖草根人物在危难关头出于人性的本能反应,真正能够引领社会风气向上的责任,依然需要法的强制力来规范,需要政府引导人们知荣明耻、扶正祛邪,不断提高社会道德水平。

道德价值体系反映着人们的精神世界。组成人类世界的三种力量分别是政治、法律和道德。这三者各归其位，才能有一个稳定的社会。处理好三者之间的关系，正是当下的问题所在。没有了法律的刚性，其他因素都靠不住。

/政策传真/

不让“英雄流血又流泪”

为鼓励见义勇为行为，避免“英雄流血又流泪”，2013年开始，河北省从基本生活、医疗、就业、教育、住房等方面，帮助见义勇为者解决实际困难，保障其合法权益。其中，对报复侵害见义勇为人员及其家属的案件，将依法从重打击、从严处理；住房困难的，将优先纳入城镇住房保障体系，优先安排农村危房改造。

不仅河北省，云南、安徽、浙江、广西等全国大部分省市都成立了见义勇为基金，不仅在物质上为好人提供长远保障，更在精神上，营造着“好人有好报”的社会风气。

/数据说话/

全国见义勇为英雄模范表彰大会已举办了12年

2014年7月25日，全国见义勇为英雄模范表彰大会在北京召开，共表彰“全国见义勇为英雄”9人、“全国见义勇为英雄群体”1个共2人、“全国见义勇为模范”41人、“全国见义勇为模范群体”9个共28人。由中宣部、中央综治办、公安部、解放军总政治部、全国总工会、中华见义勇为基金会等部门联合召开的表彰大会，已经进行了12年。

2 新时代下的新道德体系，如何构建?

从历史上看，中国社会一直处在打破旧的轮回的过程中。有人可能会说，新中国成立之初，中国不是有过一个道德高扬的阶段吗？分析起来，当时出现的“道德复兴”基于两大原因。一个是特有的政治支撑着特殊的道德，即政治思维与政治话语系统塑造了一种异于传统，也异于西方道德的“社会主义新道德”。另一个是中国的传统农业经济基础上的伦理道德与当时的社会形态吻合，人们被紧紧拴在一块土地、一个工厂或一个社区，不流动的社会构成了中国的熟人道德——生活在同一个环境中，失信直接影响着生存。

改革开放后，道德体系开始出现紊乱，原因在于构成特有道德的支撑基础瓦解了。世界政治生态因冷战结束而发生巨大变化，由此导致两大价值系统和两大话语系统乃至思维方式并行的状况彻底改变，其中我们的价值体系遭到严重弱化，这必然影响着我们的伦理道德系统。庞大的人口流动和迁徙，更将中国这个熟人社会变为陌生人社会，进而将熟人道德推向陌生人道德。一定程度上，正是由于社会没有适应这种不无紊乱的变化，直接导致价值坐标的紊乱。

来自草根人物的人性光辉，是社会的一盏明灯。但来自社会精英阶层，尤其是官场的清廉之风，对社会的道德走向具有着决定性的示范作用。

▲全国道德模范党素珍接受记者采访。她50年如一日，在矿井口为矿工送开水、补衣服、搞宣传、嘱安全，她用纯朴的关爱温暖了几代矿工的心。

2013年1月，习近平在中央纪委会议上强调，要坚持“老虎”“苍蝇”一起打。这之后，国资委主任蒋洁敏被查处、公安部副部长李东生被查处……时间进入2014年，反腐风暴并未止息，反而有愈发严厉的趋势。2014年上半年落马15名省部级以上官员，进入7月，重磅级人物落马消息层出不断，为社会公众注入了极大的反腐败信心。

正如一位多年研究道德问题的教授所言，执政党的党风决定政风，政风影响民风。要解决看似乱麻的精神层面的问题、信仰问题，就需要共产党扎实思考从革命党到执政党的转变问题。

事实上，自党的十八大以来，从严厉的持续反腐重拳出击，到中央推出八项规定，“反四风”深入推进，党风政风上的变化，正在影响着民风的改善。

媒体报道，河北省武强县周窝镇郭家院村，人们在“村民食堂”操办红白事，一改以往大操大办的陋习；在济南，一批青年人，抛弃奢华、浪漫的婚礼仪式，用更为节俭的方式展示爱情……

从个体而言，如果每个人的内心没有对道德的完整理解，更没有化作价值追求和行为规范，社会底线的下移会在不同人群中以不同的方式来呈现。根本而言，要保证社会科学和谐发展，既要以精神目标和高尚的价值追求引领大众，更要以法的强制力来规范人的行为。

/政策传真/

“爱国、敬业、诚信、友善”是公民应遵循的基本道德准则

党的十八大报告明确提出“三个倡导”，“三个倡导”分别从国家、社会、公民三个层面，提出了反映现阶段全国人民“最大公约数”的社会主义核心价值观，为培育和践行核心价值观奠定了基础。其中第三个“倡导”提出的“爱国、敬业、诚信、友善”，是公民个人应当树立的基本价值追求和应当遵循的基本道德准则，是其他两个“倡导”的基础。

3 “中国式”何时能够成为褒义词?

“中国式过马路”，就是凑够一撮人就可以走了，和红绿灯无关……

这是网上流传的段子。虽然尖刻，倒也形象。面对红灯，太多人急不可耐，背后的心理是——法不责众。有时，诸如耐心等候红绿灯、规规矩矩排队、不乱扔垃圾、在公共场合不大声喧哗等，这些生活中的小事，做不好的背后，都存在着“法不责众”的心理。

有记者调查，所谓“中国式过马路”的现象，并不中国独有。在英国、美国，乃至非洲，不按规则行事的“小节”失范，也比比皆是。因此，不必为此而给这一行为打上“中国式”的标签，没来由地自卑起来。但是，即便如此，必须厘清的一个问题是，不管他人、他国，也不论闯红灯过马路背后的种种不合理道路设计，在既有法律规章面前人人平等，营造良好和谐社会，珍视自我宝贵生命

▲北京长安街上，两位闯红灯的行人。告别中国式过马路，做一个高素质的公民，应该从我们身边小事做起。

的原则，是每个人内心应该保有的一份敬意。

佛山一位干部讲述了习近平在当地考察的一个细节：前往慰问贫困户时要穿过一条没有红绿灯的马路，见路上没车，有人准备就近穿行，却发现习近平未直接过马路，而是绕行一段走到路口，带领众人走斑马线。

事实上，自2013年以来，全国各地都针对“中国式过马路”现象展开交通执法整治，在一定程度上引起了全社会的重视和关注。

从2004年电视剧《中国式离婚》开始，“中国式”变成了网络热词。中国式相亲、中国式挤地铁、中国式加塞、中国式讨薪、中国式接送孩子……许多人一边痛恨这些陋习，一边在自觉不自觉中“随大流”。正如一位网友所说“自己开车时责怪走路的，自己走路时责怪开车的，大家想想是不是都有这种感觉？”其实面对形形色色的中国式，我们首先要做的是自我反省，因为我们中的每一个人都可能是其中的一员。而解决中国式的问题，乃至解决国民素质的问题，更需要我们每一个人参与其中，因为我们都是中国人，我们什么样，中国就什么样。

国民素质是综合概念，包括思想、修养、礼仪、文化、常识、体能、道德等。也就是说，一个合格的国民首先应有健全的人格、独立的思想与必备的文化底蕴。旁观东邻日本，其国民素质连续30多年排名世界第一；远观德国，在巴西世界杯上，没有耀眼的明星却能战无不胜夺取“大力神”杯，归功于德国人一贯的严谨与认真，更何况贴上“德国造”的产品意味着质量的保证。大凡世界优秀民族，都有严谨、认真、执着、勤奋、积极、乐观、助人等优秀品质，从民族文化深处看，中国人并不缺乏这些品质，这些品质的养成，在新的历史时期只是仍需要时间。

所幸的是，中国人正在意识到自身问题的存在。2013年5月，一位博主发微博称，在有着3000年悠久历史的古埃及神庙里，“某某到此一游”的汉字，真是给国人丢脸。这条微博被迅速转发，并引发社会强烈议论。有关国人“富而不贵”的反思日渐高涨。

不管怎样，这场源于网络的“中国式”的大讨论的最终目的是希望我们的社会越来越好，而众多中国式的问题，恐怕还是需要每个国民从自身做起，才能最终解决。

如今，我们的新一代领导集体，从自身做起，掀起了一场自上而下的中国式的厉行节约运动，而广大网友也组织了中国式的光盘行动，其效果是有目共睹的。

所以不管是政府还是国民，我们从自身做起都要努力为中国式注入新的内涵，让中国式变成文明、礼貌、有秩序的代名词，让中国式变成褒义词，最终去实现伟大民族的复兴之梦。

/数据说话/

汽车文明未跟上汽车时代前进的步伐

中国汽车工业协会的数据显示，中国已经是全球第一大汽车产销国。一方面，汽车时代“飞速”而至；另一方面，“汽车文明”裹足不前。

城市的拥堵、交通事故频发、各种违章驾驶行为等，都与汽车文明的缺失息息相关。公民意识和觉悟是决定汽车文明程度的主要因素。为图一己之便、一时之快，便将汽车文明甩出车外，说到底还是公民意识的薄弱。如果公民继续漠视汽车文明的缺失，汽车给人们带来的将不再是便利，而是灾难。

汽车是一个“载体”，不仅可以承载每一个公民，而且要承载公民意识一起走，承载社会文明一起走。莫让汽车文明远远落后于汽车时代前进的步伐。

4 城乡接合部为何成了“脏乱差”的代名词?

在计划经济时代，自发进城的农民长期被视作“盲流”被严加控制。随着市场经济发展，管制松动，人口实现了实际上的流动。然而，进到城里的农民很难在城市立足，那些在城市改造、发展中被暂时“遗忘”的城中村，因其低廉的租金，而成为他们在城市的落脚地。

以北京为例，城中村随着城市的快速发展，已经实现了在四环内基本“绝迹”。然而，在城市的边缘地带，城边村取代了城中村的功能，成为外来务工者青睐的居住地。一个村庄里，非户籍人口占了绝大多数。以发生了惊动公安部的少年暴力打人事件的奶西村为例，户籍人口2000多人，外来人口就有3万多人。这样的人口比例，为村庄的管理带来诸多问题。如环境问题、治安问题、农二代的教育问题等。

对于客观存在的“脏乱差”问题背后，必须追问的是，它们是如何产生的。这很大程度上与公共服务投入不足有关。面对涌入的大量外来人口，基础设施脆弱、公共服务供给不足、空间缺乏规划等问题立刻暴露出来，并由此演化出一系列的社会问题。

▲北京五环外某城乡接合部，由于其中一位车主违反交通规则，双方停车争执，造成交通拥堵。

表面看，城中村的一系列问题，是由外来人口骤增带来的管理压力造成。然而，在其背后，却是制度性问题。

由于城市土地

全部国有，不存在一丝一毫“无主”土地，乡村移民来到城市，无法获得安身立命的土地作为扎根财产。同时，由于户籍制度限制，这些外来人口也无法获得在城市居住和生活的制度性安排，缺乏住房、子女教育和医疗保障。因此，即便自然形成了聚居的城中村，仍然难以建立自己的社区，进而改造社区、建设社区。

另一方面，纵观改革开放三十多年来，在北京、上海、广州等外来人口聚居的一线城市中，城中村城市政策的制定者们，多以“消灭”城中村为目标，他们将城中村看作是城市更新和发展过程中必须消除的“非城市”部分，一直并未将其纳入城市长期管理服务的一部分看待。

城中村成为乡村移民的城市寄居地，一旦他们居住的城中村进入城市规划视野，就意味着这块“寄住”之地行将消亡，他们这些外来租户的利益完全没有保障，只能被迫搬离。由于无法形成稳定的预期，家庭生活、人际关系、社区建设、城市融入等都受到影响。

城中村的问题需要解决，但不能继续以往政府主导的“拆平重建”的改造模式。即便在控制城市人口数量的理由之下，试图以瓦解外来人口生存基础的方式，并不能带来人口的规模性减少，反而带来农民工生活成本的增高、通勤成本的增高，以及在不断搬迁过程中社会关系的断裂和城市中心地带群租房等系列问题的出现。

不得不承认，城中村问题的解决国内目前并无一套成熟的做法，但应该坚持的基本原则是，城中村的改造只能以居民（包括村民和租户）为主体，在居民自愿合作的基础上进行功能调整和增强的改造。

/政策传真/

加大保障性住房建设力度

经过三十余年的快速工业化和城市化，中国形成了一个人数多达2.6亿的庞大群体——农民工，未来，还将有更多的农民进城。2014年年初，住房城乡建设部住房保障司副司长张学勤称，为解决农民工住房问题，要加大保障性住房建设力度，特别是公共租赁住房建设力度。下一步，对于进城落户的农民工，要在住房保障制度上做到全覆盖。

5 企业职工的民主政治权利如何得到落实?

构建和谐的企业劳动关系，必须面对一个问题，那就是如何保障职工在企业管理中的民主政治权利。

从道理上讲，职工参与企业民主管理，不仅能够体会到被企业尊重、被承认的尊严感，还会在劳资关系和谐的前提下，增强企业的凝聚力，从而为企业发展迸发出个人更大的潜能。而现实中，一些企业之所以漠视职工参与民主管理的权利，并不仅仅是“不明理”，还存在不守法的问题。

在我国，一系列的法律规定，为保障企业职工的民主政治权利起到了最坚实的基础性作用。

《宪法》规定：“人民依照法律规定，通过各种途径和形式，管理国家事务，管理经济和文化事业，管理社会事务。”新修改的《工会法》明确规定：“工会依照法律规定，通过职工（代表）大会或者其他形式，组织职工参与本单位的民主决策、民主管理和民主监督。”公有制企事业单位以外的“其他企业、事业单位的工会委员会依照法律规定组织职工采取与企业、事业单位相适应的形式参与企业、事业单位民主管理。”《劳动法》规定：“劳动者依照法律规定，通过职工大会、职工代表大会或者其他形式参与民主管理或者就保护劳动者合法权益与用人单位进行平等协商。”《公司法》规定：“公司研究决定公司有关工资、福利、安全生产以及劳动保护、劳动保险等涉及职工切身利益的问题，应事先听取公司工会和职工的意见。”这里，听取工会和职工的意见，而绝非随机性的，应有一定的形式。这种最基本的“形式”就应当是职代会。我国的《企业法》《劳动法》对此都作了明确规定。《宪法》《劳动法》《公司法》《工会法》《企业法》等法律是企业职工实行民主管理的法律基础。也就是说，企业职工实行民主管理是有法律依据的。

要落实法律规定，必须依赖整套的制度落实。

首先，要真正发挥职代会的作用，克服形式主义。职工代表大会是企业实行

▲河北石家庄一企业职代会投票现场。

民主管理的基本形式，不让职代会成为流于形式的“举手会”，就要尊重职工的主人翁地位，支持职代会依法行使各项职权，充分发挥职工在生产、加强管理和合理分配中的作用，切实完善职代会各项制度。

其次，要坚持职代会联席会议制度，提高民主管理水平。职代会一年一次，在闭会期间，要充分发挥职工代表团组长联席会议的作用，凡企业临时需要解决的问题或提交审议的有关提案，应将有关事项下发到各代表团组进行讨论，及时、有效地反映职工群众的真实想法和意见建议。

再次，提高职工代表的素质，在集体利益与个人利益间，能够作出合理的平衡取舍。职代会的作用当然是维护职工权益，但必须达成的共识是，企业与职工的利益不是简单的此消彼长关系，而是共荣共生的整体利益关系。如何在局部利益与企业长久发展的长远利益之间，出谋划策，识大局、知进退，是构建和谐劳动关系的重要基本认识。

在保障职工民主权益的落实中，工会组织的作用发挥，是其中重要的一环。

完善工会组织建设，使其在企业职代会、常务公开等民主管理工作方面发挥真正的作用，履行工会维护职工权益的基本任务，才能让职工民主权益成为不被架空的空架子。

不可否认，一些中小型企业的民主管理仅处于设立职工信箱的水平。对此，本级工会以及上级工会组织有责任引导他们向更高级水平发展。而一些民主管理达到了较高水平的企业，他们的做法，工会组织可以进行案例解剖，向适合的企业推广。

视野延伸

职工代表大会的历史沿革

1949年5月，中华全国总工会在天津召开了华北职工代表会议，刘少奇在会上发表了重要讲话，大会通过了《关于在国营公营企业中建立工厂管理委员会与工厂职工代表会议的决定》及其《实施条例》。

1957年4月，中共中央发布《关于研究有关工人阶级几个重要问题的通知》，正式决定把企业中现行的职工代表会议改为职工代表大会，职代会采取常任制，并规定了其基本职权。

1978年开始的中国经济体制改革重整了国家与企业之间的关系，重新界定了国家与企业之间的权、责、利关系，职工、企业、国家之间关系的变化必然影响到职工代表大会的组织和运作方式。

1988年4月13日，第七届全国人大第一次会议通过的《全民所有制工业企业法》取消了职工代表大会是“权力机构”的提法，沿袭了职工代表大会条例的提法，即规定职工代表大会是职工行使民主管理权力的机构。

1992年开始，国有企业改革以建立现代企业制度为目标模式，国有企业从政府行政主管部门的附属物转变为自主经营、自负盈亏的法人实体和市场竞争主体，国有资产管理体制和运营机制都发生了深刻变化。国企改制导致能够给工人较高政治地位保障的“国家”在企业中撤退，职工参与企业民主管理的政治保障在减弱。

6 保护职工生命安全和职业健康，政府和企业应承担哪些责任?

江苏昆山粉尘爆炸事故、吉林宝源丰禽业公司火灾爆炸事故、山东青岛中石化东黄输油管道泄漏爆炸事故……近期频发的重特大安全事故，一再为中国安全生产形势敲响警钟。

生命安全与健康权是职工最基本的需求，也是法律赋予职工的最基本的权利。如果没有了生命安全和健康，其他一切都无从谈起。

近年来，尽管中央关于安全生产的法律、法规相继出台，但安全事故死亡人数居高不下，特大事故频频发生，重大事故隐患突出。安全生产监管的力度越到基层越弱。一些地方政府安全生产责任不落实，安全生产管制体系不健全，监管不到位，安全生产监管的状况仍然没有得到根本改善，是导致事故频发的重要原因。

安全生产历来都是敏感、热点、难点问题。每一次事故或许都源于很小的疏忽，而每一次很小疏忽的背后，向来都有监管的缺位。作为市场规则和社会规则的制定者、监护者，政府必须切实承担起安全生产的监管者责任，着力加强对企业的安全监管。

如果监管不到位，再完善的法律也无济于事。因此，作为地方政府来讲，既然不愿意看到事故的发生，就必须要扛起安全生产监管的责任，不能缺位，既要明责、知责，更要履责。履责就要敢于担当，通过有效的监管手段，强化企业的安全生产理念，切实把安全生产责任落到实处，改变我们对安全问题的被动监管、穷于应对的非良性发展局面。唯其如此，安全生产事故才可能不频频被“上头条”。

尽管政府监管责任重大，但安全生产的主体责任和主要责任仍然在于企业。企业重视安全生产，保障安全生产，不仅需要在安全上投入技术保障，还要严格要求和监督职工按照安全生产操作规程操作。同时，作为职工合法权益的表达者和维护者，各级工会组织首先要坚持源头参与，运用平等协商、签订集体合同机制，把保障劳动者的职业安全与健康明确地写进集体合同或劳动合同，细化劳动保护内容，规范劳动保护程序，从源头上给劳动者系上“安全带”。其次，充分发挥工会自身监督作用，并动员广大职工群众共同监督，积极促进企业全面而细致地落实安全生产，提高劳动保护水平。最后，还要坚持不断地开展安全教育和培训，让安全与劳保意识深入工会干部与职工群众的内心。

无论是政府监管还是企业主体责任，对于人的生命而言，规避安全生产事故中的不可控因素，加强劳动保护和安全教育，是减少、消灭事故最有效的科学方法。

一项研究结果发现，安全应习惯性依赖技术，而不是依赖责任，人是最不可靠的。通过对多起安全事故分析发现，按事故性质分析，多涉及人为责任及管理问题。但如果深究起来，多数还是安全技术不到位的问题。

“20世纪八九十年代，由于技术落后、设备老化，我们公司每年大大小小的安全生产事故不下几十起，事故隐患就更多。进入2000年以来、特别是近10年以来，随着设备更新和技术进步，公司生产规模虽然大幅提高，企业员工增长好几倍，但安全生产事故却逐年下降，现在公司已杜绝了大的安全事故，一般性事故也很少发生。”湖北恒星化工公司安全处长王江涛说。王江涛认为，安全生产事故锐减主要归功于企业的技术进步。

▲郑州一工地的安全样板间。保障职工安全不仅仅是工人自己的事情。

对于企业或者政府来说，在法律框架之下，严格按照规程操作之外，还应在技术进步、设备升级上下功夫，最终实现本质安全。

所谓本质安全，是指设备、设施或生产技术工艺自身含有能够防止事故发生的功能，从根本上消除事故发生的可能性，从而达到预防事故发生的目的。再有，要好好深入研究事发的偶然因素对事故特别是较大事故的致因作用。就是说，事故的偶然性要引起高度重视。安全生产不光要解决必然性的问题，也要好好研究偶然性的致因。

为了确保职工的生命安全和职业健康，应从客观上加快技术进步，提升劳保措施的水准，由安全依靠责任转为安全依靠技术，尽量通过提高技术性能来减少人为出错的可能性。同时，从主观上加强职工的安全和健康意识。双管齐下，确保每一位职工在工作岗位上是安全的、健康的。

/政策传真/

安全生产法修正案获批

十二届全国人大常委会第十次会议通过安全生产法修正案，大幅增加了对生产经营单位违法行为的处罚力度和对单位主要负责人的处罚。规定对发生生产安全事故的单位，按照事故等级分别处以20万元至2000万元的罚款。

/重磅声音/

加强生产经营单位的主体责任是安全生产的重要环节

全国人大常委会法工委社会法室主任滕炜说：“（安全生产）最大的薄弱环节主要就是生产经营单位没有落实好我们已经制定的这些规章制度和标准，因为再完善的东西如果不去做，它就是一纸空文，这个道理大家都非常清楚。所以从这次修改来说，加强生产经营单位的主体责任是这次我们修改的一个重要环节，也是一个很重要的指导思想。”

7 如何让普通职工的子女享有公平教育的权利？

教育公平是社会公平的底线。促进教育公平，让每一个普通职工的子女享有平等、公平的受教育机会，才能缩小社会差距、促进社会公平。那么，促进教育公平，让普通职工子女享有公平教育的权利，国家、政府、社会，应当如何发力？

加大教育投入。长久以来，我国教育投入占GDP比重都低于4%，为人所诟病。在1986年，以厉以宁、王善迈为首的几位经济学家做了一份名为“教育经费在国民生产总值中的合理比例研究报告”，计算出当人均GDP达1000美元时，公共教育支出国际平均水平为4.24%。

据此，1993年，中国政府发布《中国教育改革和发展纲要》，首次提出国家财政性教育经费的支出“在20世纪末”占GDP的比例应该达到4%的目标。结果，到2010年，也就是新世纪第一个十年结束之际，国家财政性教育经费支出占国内生产总值的比重才3.66%。

显然，化解教育公平问题首先必须增加教育投入。

2010年，有着“新教改”纲领性文件之称的《国家中长期教育改革和发展规划纲要（2010—2020年）》中再一次规定，“提高国家财政性教育经费支出占国内生产总值比例，2012年达到4%”。2013年1月，时任财政部部长的谢旭人在全国财政工作会议上指出，“国家财政性教育经费支出占国内生产总值的比重达到4%”。

但是，需要客观认识的是，4%的GDP投入比重仅仅达到了教育投入的“及格线”。1994年，世界各国教育投入的平均水平为4.9%，发达国家平均为5.1%，欠发达国家为4.1%。目前，中国还没有达到20年前的世界平均水平——不仅与发达国家有很大差距，即使在金砖四国中，中国的教育投入也排在末位。今后几年，从改革举措的大趋势来看，国家对于教育的投入也将持续增大。

一是系统调控政策。在不甚丰厚的教育资源面前，如何科学、系统地制定教

▲甘肃渭源县一小学校内，一年级的小朋友在课间围在一起烤火取暖。

育政策，是保障教育公平的核心举措。近年来，促进教育公平的各项改革正在推进：从2013年多地出台的异地高考政策，到扶贫定向招生，再到2014年在高考前夕，国务院常务会议决定提高重点高校招收农村学生比例的政策。这些举措让人们看到“国家化解教育难题”的决心。

那么，未来教育政策调整的总趋势如何？2013年年底，十八届三中全会通过了《中共中央关于全面深化改革若干重大问题的决定》。其中所涉及系列教育改革举措，颇为引人注目。就教育公平问题，其中提到，“大力促进教育公平，健全家庭经济困难学生资助体系，构建利用信息化手段扩大优质教育资源覆盖面的有效机制，逐步缩小区域、城乡、校际差距。统筹城乡义务教育资源均衡配置，实行公办学校标准化建设和校长教师交流轮岗，不设重点学校重点班，破解择校难题，标本兼治减轻学生课业负担”。

二是打击教育腐败。避免人为因素导致教育不公平问题，是教育领域反腐的重要作用。2013年以来，浙江大学副校长褚健、四川大学副校长安小予、人民大学招生处处长蔡荣生等接连落马。反腐败从党政领域向教育领域的扩展，对于革除社会弊病，净化教育环境，促进教育公平有着良好的效用。

2014年9月，黑龙江省依兰县女教师冯某教师节索礼、辱骂学生事件发生，更是引起舆论哗然。公众在反思师德流失问题的同时，更将目光聚焦教育腐败。可以说，教育领域的腐败纷繁复杂，招生腐败、教师索贿、基建腐败等问题十分突出。就教育公平而言，招生腐败、教师在受贿后对学生的“嫌贫爱富”等问题频发。

伴随着国家廉政建设，反腐力度的加大，教育领域的反腐成效显著。但是，依旧有许多不足之处。对于教育领域的一些“潜规则”，依旧需要持续发力。比如，变相“择校费”的问题、教师补习班的问题、自主招生乱象等，都直接导致了教育不公平。

此外，在打击教育腐败的基础上，也应对教育领域从业人员的道德问题倍加重视。教育歧视也是导致教育不公的重要因素。

三是强化弱势救助。强化教育领域的救助工作是在国家整体教育投入不足情况下，维护教育公平的重要补充。

目前，国家已经实行了诸多补偿措施，诸如政府的教育扶贫、助学金、奖学金、学生贷款政策和“希望工程”等。各级各类资助政策的大门，向每一位家庭经济困难学生敞开。据教育部统计，全国普通高校每年约有3700多万人次获得资助。以2013年为例，全国2600多万普通高校在校生中，770多万人获包括国家奖学金在内的各级各类奖学金，占在校生的29%；700多万人获包括国家助学金在内的各级各类助学金，占在校生的27%；265万人获国家助学贷款，占在校生的10%；330多万人获国家助学贷款财政贴息，占在校生的12.6%；1100多万人次获特殊困难补贴和伙食补贴，310多万人次获勤工助学，24万人获学费减免，20万人获新生入学项目资助，10万多毕业生获学费补偿贷款代偿，8万多师范生享受免费教育，140万人次获其他资助，等等。

可以说，进入高校后的学生资助工作进展迅速，成效显著，但是在义务教育阶段和高中阶段的资助工作还需持续发力。我国社会弱势群体数众多，规模庞大，解决他们子女的教育公平问题，任重而道远。化解教育公平难题，非一日之功。只要多走一小步，就能让众多普通职工的子女重燃希望，社会就能前进一大步。

/政策传真/

全面改善贫困地区办学条件

2013年年底，教育部、国家发展改革委、财政部联合出台了《关于全面改善贫困地区义务教育薄弱学校基本办学条件的意见》。2014年3月14日，国家教育体制改革领导小组召开了“全面改薄”电视电话会议，部署全面改薄工作，刘延东副总理作出重要讲话。

“全面改薄”提出了保障基本教学条件、改善学校生活设施、办好必要的教学点、妥善解决县镇学校大班额问题、推进农村学校教育信息化、提高教师队伍素质六项重点任务，按照“缺什么补什么”的原则，进一步加大经费投入力度，力争通过3~5年的努力，全面改善贫困地区义务教育学校的办学条件，推进义务教育学校标准化建设，提高贫困地区学校教育质量。

/数据说话/

2014年农村学生上重点高校人数增加11.4%

2014年9月，教育部副部长杜玉波表示：增加农村学生上大学特别是上重点大学的人数，是促进社会公平的重要内容。从目前录取情况看，农村学生考上大学的比例，包括本、专科学校，与城市学生大体相当。但由于城乡基础教育水平存在差距等多种因素，农村学生上重点高校的比例相对较低。

这次改革将采取两项倾斜政策：第一项是继续实施国家“农村贫困地区定向招生专项计划”，由重点高校面向贫困地区定向招生。这项计划从2012年启动，到2014年已扩大到5万名，覆盖22个省份的832个贫困县，2014年农村学生上重点高校人数比2013年增加了11.4%。第二项是部属高校、省属重点高校都要安排一定比例的名额，专门招收边远、贫困、民族地区的农村学生。

第8章

为什么说“保障国家和人民安全是头等大事”？

安而不忘危，存而不忘亡，治而不忘乱！

2014年4月15日上午，中共中央总书记、国家主席、中央军委主席、国安委主席习近平召开中央国家安全委员会第一次会议，明确国安委职能责任、管控范围、基本遵循和运行原则，首次提出“总体国家安全观”，首次系统提出“11种安全”概念，强调要走出一条中国特色国家安全道路。

习近平强调，我们党要巩固执政地位，要团结带领人民坚持和发展中国特色社会主义，保证国家安全是头等大事。

党的十八届三中全会决定成立国家安全委员会，是推进国家治理体系和治理能力现代化、实现国家长治久安的迫切要求，是全面建成小康社会、实现中华民族伟大复兴中国梦的重要保障，目的就是更好适应我国国家安全面临的新形势新任务，建立集中统一、高效权威的国家安全体制，加强对国家安全工作的领导。

新形势下，我国国家安全内涵和外延比历史上任何时期都要丰富，时空领域比历史上任何时期都要宽广，内外因素比历史上任何时期都要复杂。在这样的时代背景下，准确把握国家安全形势变化的新特点、新趋势，有效防范、管理、处理国家安全风险，有力应对、处置、化解社会安定挑战，是历史赋予党和政府，乃至每一名中国人的重任。

1 新时期，中国为什么要成立“国家安全委员会”？

国家安全关乎国家生死存亡！

2013年11月12日，党的十八届三中全会《公报》指出，设立国家安全委员会，完善国家安全体制和国家安全战略，确保国家安全。

国家安全委员会，全称为“中国共产党中央国家安全委员会”，是中国共产党中央委员会下属机构。由中共中央总书记习近平任主席，国务院总理李克强、全国人大委员会委员长张德江任副主席，下设常务委员和委员若干名。

中央国家安全委员会作为中共中央关于国家安全工作的决策和议事协调机构，向中央政治局、中央政治局常务委员会负责，统筹协调涉及国家安全的重大事项和重要工作。

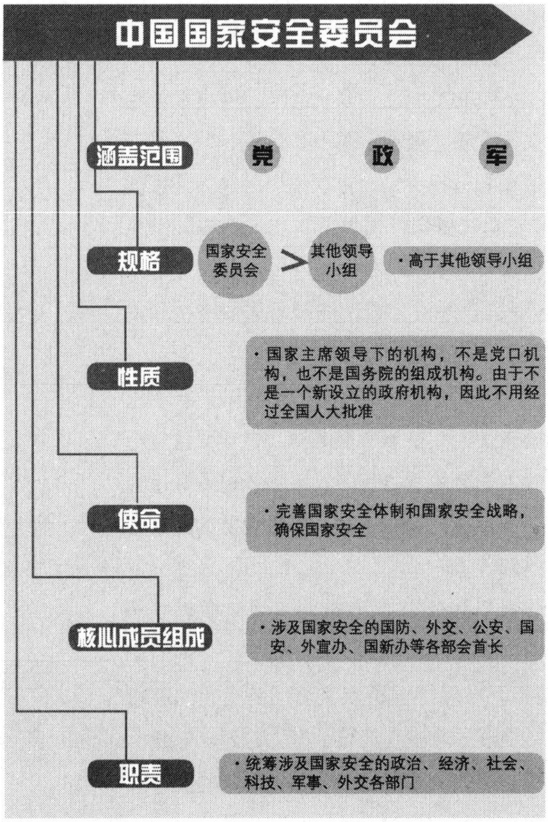

那么，新时期，中国为什么要成立国家安全委员会？

一个原因是应对现实威胁的需要。习近平指出，“我国面临对外维护国家主权、安全、发展利益，对内维护政治安全和社会稳定的双重压力，各种可以预见和难以预见的风险因素明显增多”。

另一个原因是弥补短板的需要。长期以来，在应对和处理国家重大安全事件时，各个职能部门往往是“各管一段”，而近年来的一些重大突发事件又常常带有综合性特征。如“三股势力”在新疆和西藏制造的恐怖袭击事件，背后都有深刻的国际背景，仅仅依靠国内的一些强力部门是不够的，还需要情报、外交等部门予以密切配合。就此，习近平指出，“我们的安全工作体制机制还不能适应维护国家安全的需要，需要搭建一个强有力的平台统筹国家安全工作”。

简言之，设立国家安全委员会是应时、应势、应需而生。

《中国国家安全研究报告(2014)》指出，国安委将统筹国内与国外两个安全大局，承载四大职能。

职能一：制定和实施国家安全战略。长期以来，中国没有系统的国家安全战略，实际上是由军事战略代行国家安全战略的部分职能。随着国内外安全形势的复杂变化，军事战略越来越难以满足国家综合安全需求，迫切需要从宏观和整体角度规划和指导，制定和实施国家安全战略被紧迫地提上了议事日程，并成为国安委的第一大职能和任务。

职能二：推进国家安全法治建设。现行的《国家安全法》主要是隐蔽战线反间谍侦查方面的法律，是一部“狭义”的安全法。随着国家安全日益综合化和复杂化，需要一部名副其实并能全面反映国家综合安全、大安全的法律，需要通过军事、政治、外交、经济、文化、科技、信息、生态、情报等领域的国家安全立法来完善整个国家安全法律体系。只有这样，才能真正推进国家安全的法治建设，这是国安委的又一项重大任务和职能。

职能三：制定国家安全工作方针政策。在制定国家安全战略基础上，实施这一战略必须制定相应具体的安全工作方针政策。包括安全工作程序、原则和细则等，还应包括应对国内外重大安全危机突发事件的政策原则，解决突出社会矛盾、促进国内社会稳定的政策、打击“三股势力”维护民族团结政策，涉及国家统一、领土争端、海洋权益等方面的政策，信息网络安全、太空安全、海洋安全等方面政策以及周边地区安全政策等。

职能四：研究解决国家安全工作中的重大问题。国安委是一个跨部门的最高决策和议事协调机构，将集合公安、国安、军队、武警、外交、交通、经济、情报、外宣办、国新办、涉港澳台等相关部门，研究解决国家安全工作中的重大问题。

值得一提的是，“国家安全委员会”已经成为世界上很多强国的标准配置。比如美国和俄罗斯。美国国家安全委员会，简称NSC，是由美国总统主持的最高级别的国家安全及外交事务的议事机制，职责主要是向总统提出建议，就国家安全和外交事务在各个政府部门间进行协调。

政策传真

“国安委”大事记

·2014年4月15日，习近平主持召开中央国家安全委员会第一次会议。

·2014年1月24日，中共中央政治局召开会议，研究决定中央国家安全委员会设置。

·2013年11月15日，习近平在党的十八届三中全会上就《中共中央关于全面深化改革若干重大问题的决定》作出说明，介绍国家安全委员会设立原因和主要职责。

·2013年11月12日，公布了党的十八届三中全会《公报》，宣布中央将设立国家安全委员会。

·2000年9月，中共中央决定组建“中央国家安全领导小组”，与“中央外事工作领导小组”合署办公，两块牌子、一套机构。

动态剪影

“中国国家安全蓝皮书”发布

2014年5月6日，《中国国家安全研究报告(2014)》发布。这是中国国家安全领域的首部蓝皮书。报告指出，安全形势总体稳定向好又面临诸多严峻挑战，构成了2013年中国国家安全形势的基本特征。

需要警惕的是，西方敌对势力对中国宗教渗透的方式更加多样、范围更加广泛、手段更加隐蔽，公开与秘密并举，具有很强的煽动性和欺骗性。报告举例说，2013年多起暴力恐怖事件共同的特点就是暴徒均为宗教极端分子，事前有组织地开展地下讲经班，观看宣传宗教极端和暴恐内容的音视频，传播宗教极端思想。

此外，报告认为，非传统领域的安全挑战已经对中国的国家安全构成了严重威胁。按照一般定义，传统的国家安全多指领土、政权、军事三大领域安全，其余信息安全、核安全、环境安全等都应被列为非传统安全。

2 为什么要树立“总体国家安全观”？

当前，中国国家安全形势保持总体稳定、缓和、向好的基本态势，新一届中央领导集体也以更加积极自信的姿态维护国家安全和社会安定。

从国际安全看，中国与世界主要大国建立起长期稳定、健康发展的新型大国关系；从经略周边看，中国与周边国家建立“亲、诚、惠、客”的睦邻友好关系取得了新的成果；从国家安全看，社会大局和谐稳定，综合国力不断提升，中国维护国家安全的能力持续增强。

但是，也必须清醒地认识到，世界格局急剧变化增加了我国国家安全的不稳定性和不确定性，国家安全形势面临的现实威胁呈上升趋势。一方面，中国与少数世界主要大国之间的结构性矛盾依然突出，与周边国家海洋领土争端趋于严

▲2014年9月11日，南昌市三江派出所在日常巡逻执勤中特别加强在学校周边的治安巡查，在上课和放学高峰期，派民警在校门口站岗执勤。

峻，中国周边地区热点众多、争端持续发酵；另一方面，恐怖主义、网络安全、环境安全等非传统安全威胁凸显，对中国国家安全构成了不容忽视的严峻挑战。

在众多国家安全威胁中，暴力恐怖主义正对群众生命安全构成直接威胁。根据官方报道和公开资料，2013年发生于中国境内的暴力恐怖主义袭击共10起，2014年暴力恐怖犯罪分子更是在昆明、乌鲁木齐火车站等地接连制造性质更为恶劣、手段更为凶残的暴力恐怖袭击。无论从数量还是严重程度上看，这些恐怖活动相当活跃，呈现出恐怖活动地域扩大的趋势、以政府机构和军警为主要袭击目标、恐怖势力使用冷兵器等简陋工具作案的新特点。

与此同时，个别西方国家在反恐问题上搞“双重标准”，对我国一些恐怖案件的定性说三道四，容忍甚至支持“东突”分裂主义势力，这也成为国内暴力恐怖袭击不断抬头的重要外部原因。

在如此严峻复杂的安全形势威胁下，正是本着“增强忧患意识，做到居安思危”的原则，国家进一步加强国家安全工作力度。2014年4月以来，国家主席习近平在一周时间里，三提“国家安全”。足见党和国家对于国家安全的重视程度。

2014年4月9日，习近平来到位于北京市郊的武警特种警察学院。他观看了反恐课目训练演示，详细询问了特战队员教学训练和生活情况，并且为“猎鹰突击队”授旗。在视察过程中，习近平强调，武警部队作为国家反恐维稳的重要力量，要坚决有力打击各种暴力恐怖犯罪活动，维护国家安全和社会稳定，保障人民安居乐业。习近平勉励特战队员，要保持高度戒备，真正成为特战精英、反恐尖兵，努力成为国际一流水平的反恐特战劲旅。

五天以后，习近平专程到空军机关，就空军建设和军事斗争准备进行调研。在接见空军机关副师级以上干部时，习近平说，空军在国家安全和军事战略全局中具有举足轻重的地位和作用，为维护国家主权、安全、发展利益作出了重要贡献。他要求空军保持常备不懈的战备状态，确保遇有情况能够快速有效处置。

4月15日，习近平主持中央国家安全委员会首次会议，提出“总体国家安全观”。习近平用71字总结“总体国家安全观”：“既重视外部安全，又重视内部安全；既重视国土安全，又重视国民安全；既重视传统安全，又重视非传统安全；既重视发展问题，又重视安全问题；既重视自身安全，又重视共同安全。”

习近平指出，必须坚持总体国家安全观，以人民安全为宗旨，以政治安全为根本，以经济安全为基础，以军事、文化、社会安全为保障，以促进国际安全为依托，走出一条中国特色国家安全道路。

/视野延伸/

“11种安全”概念

2014年4月15日，习近平在国安委首次会议上，首次系统提出了“11种安全”概念。他指出，新时期，我国要构建集政治安全、国土安全、军事安全、经济安全、文化安全、社会安全、科技安全、信息安全、生态安全、资源安全、核安全于一体的国家安全体系。

/数据说话/

七成民众支持设立“边疆文化节”

2012年3月，环球舆情调查中心关于“中国边疆文化”进行过一项社会调查。

您觉得边疆这个概念离您个人的日常生活是否遥远？58.8%网友认为“并不遥远”；37.0%网友认为“比较遥远”。在对7座城市居民的调查中，45.9%的人认为“并不遥远”；47.5%的人认为“比较遥远”。

对边疆地区的哪方面情况最关注？45.9%网友选择“边防安全”；30.3%网友选择“民族团结”。城市居民调查方面，37.8%的人选择“边防安全”；23.5%的人选择“民族团结”。

是否支持设立“边疆文化节”？77.2%的网友支持。城市居民方面，67.9%的被访者支持设立“边疆文化节”。

此外，调查还显示，对于中国与邻国的边界争议，受访者给予了充分关注。其中，对印度、日本、越南的边境争议关注度最高，分别为84.5%、72.1%和64.6%。

3 网络信息时代，国家政治安全遭受哪些挑战？

国家政治安全，是指国家主权、领土、政权、政治制度、意识形态等方面免受各种侵袭、干扰、威胁和危害的状态。政治安全是国家安全最重要的领域，是主权国家存续的根本。

政治安全作为国家的传统安全领域，随着信息网络技术的发展和广泛应用，也发生了很大变化，出现了“信息网络时代的政治安全”。

2014年5月，中国互联网信息办公室副主任王秀军在接受《人民日报》记者采访时指出：中国当前急需维护好网络政治安全。

2014年3月，国家互联网应急中心发布《2013年中国互联网网络安全态势综述》。报告显示，2013年，境外有3.1万台主机通过植入后门对中国境内6.1万个网站实施远程控制，虽然境外控制主机数量较2012年下降4.3%，但所控制的境内网站数量却大幅增长62.1%。

“境外敌对势力将互联网作为对中国渗透破坏的主渠道，不断在网上进行有针对性的攻击诬蔑、造谣生事，试图破坏中国的社会稳定和国家安全。”王秀军以斯诺登事件举例分析：在危机时刻，如果一个国家涉及国计民生的关键基础设施被人攻击后瘫痪，甚至军队的指挥控制系统被人接管，那真是“国将不国”。

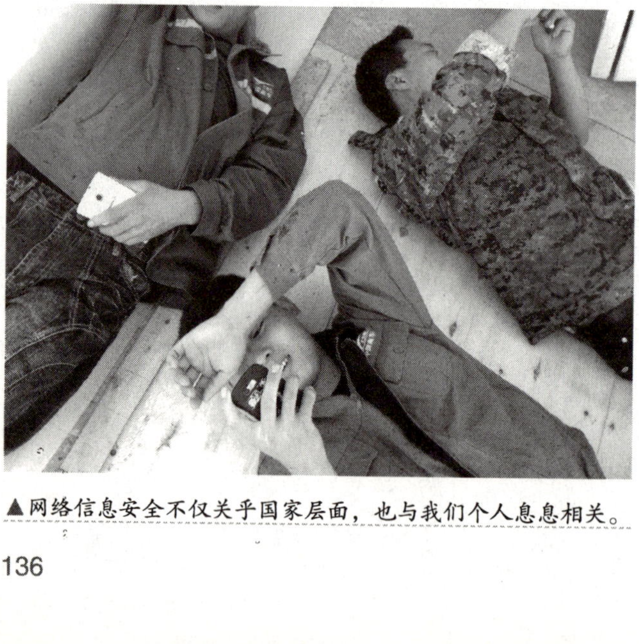

▲网络信息安全不仅关乎国家层面，也与我们个人息息相关。

那么，在互联网时代，我国的政治安全主要面临着哪些挑战？

意识形态多元化的挑战。意识形态是国家统治阶级政权合法性的理论来源。网络信息传播技术的发展为不同政治信仰、价值观念的传播提供了极大的便利条件。近年来，在全球化和信息革命浪潮冲击下，我国在意识形态领域的挑战十分严峻。中央政治局委员、中央政法委书记孟建柱就曾深刻指出：互联网已成反华渗透重要手段。

“网络谣言”四起的挑战。网络为各种敌对势力进行破坏和颠覆活动提供了便利，而恶意和敌意的制造、传播网络谣言，进一步危害了国家政治安全。需要客观看待的是：近年来，伴随着我国社会转型期，各种社会矛盾凸显，这也为一些不法之徒制造、传播、利用网络谣言提供了“可乘之机”。

歪曲中国国家形象的挑战。国家形象，是国家的“软力量”，是综合国力不可忽视的一部分。从传统上看，国家形象主要是依靠自身的实力与行为来树立的。但在网络时代，国家形象在很大程度上是信息传播的结果，是国家与外部世界在信息传播领域不断博弈的结果。近年来，一些西方国家，利用其先进的信息网络技术，肆意宣传“中国威胁论”“中国崩溃论”等，不断“妖魔化”中国。这不仅严重破坏了我国的国家形象，而且大大损害了我国的政治安全。

显然，在信息化、全球化的时代，政治安全已不是孤立的，而是立体的，不仅涉及传统的“高级政治”领域，也涵盖经济、社会、信息、文化、生态等各个领域，因此，要确立“总体国家安全观”，必须将政治安全与其他安全结合起来，着眼大局，统筹考虑，综合施策，防患于未然。

政策传真

政府禁用Win8系统

2014年5月16日，中央国家机关政府采购中心发布《关于进行信息类协议供货强制节能产品补充招标的通知》，通知禁止计算机类安装Win8系统。虽然《通知》没有就“不允许安装Win 8操作系统”作出任何解释，但有分析指出，此举或是出于网络安全方面考虑。国产的操作系统也将成为保障信息安全的重要组成。

/数据说话/

网络国家安全“告急”

根据国家互联网应急中心的数据显示，2014年3月19日至5月18日，2077个位于美国的木马或僵尸网络控制服务器，直接控制了我国境内约118万台主机。同时，2016个位于美国的IP对我国境内1754个网站植入后门，涉及后门攻击事件约5.7万次。在社会发展全面信息化的今天，网络安全问题已经上升到事关国家安全的重大战略问题——没有网络安全就没有人民安全，更没有国家安全。

4 公众隐私在互联网时代面临哪些威胁？

2014年是我国接入国际互联网20周年。据统计，到2013年年底，我国互联网上网人数6.18亿人，普及率已达45.8%。其中，我国移动互联网用户数占移动电话用户的67.8%，手机网民达到了5亿人。

毫无疑问，中国已经是一个网络大国，可同时也是被信息窃取和网络攻击的主要受害者，网络安全压力巨大。那么，目前，在互联网领域，“人民安全”面临哪些具体威胁？

个人信息泄露，不容乐观。通过网络买卖个人信息、诈骗、侵犯隐私、散布谣言甚至人身攻击，不仅危害了国家信息安全，影响社会安定，也为公众带来巨大困扰。中国互联网信息中心2013年12月发布的《2013年中国网民信息安全状况研究报告》显示，整体上我国信息安全环境不容乐观，有74.1%的网民在此前半年内遇到过安全事件，总人数达4.38亿。我国网民的信息安全状况不容乐观。

网络诈骗增多，形势严峻。随着网络的普及和推广，通过网络购物、理财、交友的网民日益增多。由此滋生的网络诈骗犯罪也层出不穷。2014年8月，“360安全中心（国内知名电脑病毒软件制造商）”发布的《2014年上半年中国网购安全报告》显示，2014年上半年，投资理财类的欺诈报案量达到223例，其报案总金额跻身前五名，人均损失高达9533元，是“最坑爹”的网络欺诈类型。

▲日常生活中，不少人都收到过各种诈骗短信。个人信息安全问题堪忧。

另据中央电视台《经济半小时》披露：随着信息技术和消费模式的快速发展，各类骗子网站也水涨船高。截至2013年年底，骗子网站总量已经突破了4亿，北京以

5万个成为骗子网站最为集中的城市。北京、广东、山东名列诈骗短信发送量前三位，从短信类型看，汇款类诈骗短信占27.3%，冒充银行类短信占23.2%，淘宝中奖类占19.4%。

那么，互联网时代，如何保障“人民安全”？

国家层面，加快对网络安全的整体布局。据悉，2014年2月27日，中央网络安全和信息化领导小组宣告成立。据国家信息化专家咨询委员会委员汪玉凯介绍，这一领导小组不单是领导信息化工作，而且把网络安全放在更突出的位置，将网络安全问题与国家信息化整体战略一并考虑，同时可以发挥集中统一领导作用，统筹协调各个领域的网络安全和信息化重大问题，制定实施国家网络安全和信息化发展战略、宏观规划和重大政策，不断增强安全保障能力。

科技层面，强化自主产权，加快队伍建设。中国工程院院士邬贺铨认为，在网络安全方面，如果自己没有过硬的技术，就很难实现安全可控的管理。在他看来，提高技术自主创新能力、加快建设网络人才队伍和在国际互联网治理中积极发挥作用是我国目前最需要在实际行动上下功夫的三个方面。“当前，我国所用的个人计算机和手机的操作系统几乎都是国外的，核心芯片依赖进口，这是很大的隐患。”

个人层面，拒绝网络不文明，强化自我保护。在全社会大力普及网络安全教育，树立安全意识，传授网络安全防范技巧，尤为重要。只有在认识上高度重视，真正了解到网络入侵和攻击危害的严重性，公众才会在网络空间主动采取相关措施去应对、防范入侵和攻击，最大限度地降低信息风险，减轻损失。培养和强化全民的网络安全意识势在必行，刻不容缓！

政策传真

《消费者权益保护法》首次将“个人信息”列入保护范围

2014年3月15日，《消费者权益保护法》修订后实施。修订后，法律首次将个人信息列入保护范围，规定经营者收集、使用消费者个人信息，应当遵循合法、正当、必要的原则，明示收集个人信息的目的、方式和范围，并经消费者同意；经营者对收集的消费者个人信息必须严格保密，不得泄露、出售或向他人非法提供；在发生或者可能发生信息泄露或丢失的情况下，应当立即采取补救措施。

5 职工应该怎样表达自己的爱国热情?

天下兴亡，匹夫有责。在维护国家安全的“阵地上”，没有人是局外人。作为国家的一分子，普通民众、普通职工，应该履行哪些责任与义务呢?

关爱同胞、热爱祖国，是最基本的职工态度。

2012年9月15日，因为钓鱼岛主权争议，西安市发生了大规模示威游行。游行中，一些不法分子借机进行了打砸抢等恶行。在这一天，有网友拍下了一张照片。照片中，一位名叫李昭的年轻小伙儿手持一块纸板站在西安的马路上，纸板上写着“前方砸车，日系调头”。这张令人动容的照片，在微博上被转发10余万次，网友评价：“他在自己站立的地方为这晦暗的一天留下了些许的亮色。”

从兴奋地参加爱国游行，转为关切同胞的财产和人身安全——作为一名普通市民、普通职工，李昭和其他许多中国人所表现出的理智和良善，构成社会基石，构成足以对抗狂热和丑陋的“拐点”。

“爱国，先爱同胞。”此言不虚。

2012年5月20日至5月27日，《环球时报》旗下的环球舆情调查中心以电话调查的方式在全国7个城市进行了“爱国主义公众态度调查”。调查结果显示，98.1%的受访者表示自己爱国，96.6%的人支持中国社会进一步弘扬爱国主义。厦门大学人文学院院长周宁说，调查结果显示，爱国是公民绝对的、不可商量的、基本的情感，“中国民众的爱国主义正在走上理性化的道路，爱国主义观念正在成熟”。值得注意的是，中国社会结构和价值多元化，当下年轻人对现实利益的追求，可能会让一些年龄稍长的民众感觉爱国氛围淡薄。

奋发自强、技术报国，是最根本的职工素质。

2012年7月1日，《人民日报》评论部主任卢新宁，在北大中文系2012年毕业典礼上曾有一番致辞，广为流传。她说，“无论中国怎样，请记得：你所站立的地方，就是你的中国；你怎么样，中国便怎么样；你是什么，中国便是什么；你有光明，中国便不再黑暗。”

这番热情洋溢却又饱含爱国主义情操的言论，一时间通过互联网、微博、微信等媒介，迅速传遍祖国的大江南北。是什么让每一个普普通通的民众对这样一段话情有独钟？答案很简单，这番言论道出了他们的心声，将每一个公民跟偌大的祖国联系在了一起，而且，“每一个国民就是活生生的中国——国民奋发自强，国家自然强盛！”

在当今世界，决定一个国家强大与否的内核，不仅是精神文化领域的强盛，更为关键的是科技强盛，物质富足。目前，我国跟西方发达国家还有很多差距。比如，在科学技术领域，我们还有很多核心技术没能突破；在文化领域，国外强力的文化渗透能力已威胁到中华文化的生存。要实现国家真正强大，我们必须在发展过程中，把重点放在解决这些核心问题上，要不然只能永远处于世界分工体系的低端。

著名的法学家和教育家谢觉哉曾说：“爱国的主要方法，就是要爱自己所从事的事业。”那么，在自己的工作岗位上，创新自强，正是新时代赋予每一名爱国者的历史重任。其实，在这个人人都有出彩机会的时代，我们身边涌现出不少通过自身努力在某领域取得创新性成果的人才。如首位获得国家科技进步奖的一汽大众公司工人王洪军，他在工作岗位上先后研制出50多种2000多件工具，获得了37项国家专利，累计创造直接经济效益达6000余万元；获得“中华发明大奖”的天津港码头工人孔祥瑞，在工作岗位上创造科研成果150余项，为企业取得经济效益8400万元，成为当代知识型产业工人的楷模……这样的例子数不胜数，他们作为一名普通职工，以自己的方式实现了技术报国、技术爱国。

▲2014年国庆节期间，南昌市多条道路上悬挂五星红旗，迎接国庆节的到来。

自重自爱、理性爱国，是最核心的职工觉悟。

爱国是公民对国家的天然感情，是公民对生长于斯的国家与生俱来的文化与生活亲情。当国家主权受到挑衅与威胁时，民众自然会“反击”。此时此刻，每一个职工需要审慎的是，表达爱国热情，天经地义，无可厚非。但爱国绝不是僭越法律的借口。从近年来发生的几起打着“爱国主义”幌子的打砸抢恶性事件当中，公安、司法部门等调查发现：不法分子、国外敌对势力不仅通过网络等蓄意制造、传播谣言，蛊惑爱国群众，在个别案件中，甚至恶意教唆、引导不理性、不合法的群体行动。

正如评论所言，民众在表达爱国热情的同时，也要意识到，要理性爱国、文明爱国、守法爱国。爱国，不需要民粹和暴力，不需要以牺牲国内正常社会秩序为代价；爱国，必须向“打砸抢”说不。

爱国不是让国家更糟糕，而是为了让国家更美好。爱国既需要捍卫共同的国家利益，也需要捍卫共同的价值。在表达爱国热情时，理性而守法，才值得称赞，也才能向外界展示一个国家强大的内在力量。

/政策传真/

2014年国家设立“三大纪念日”

2014年是甲午海战爆发120周年，2015年是中国人民抗日战争胜利七十周年。在这样的背景下，国家将9月3日确定为中国人民抗日战争胜利纪念日，将9月30日确定为烈士纪念日，将12月13日设立为南京大屠杀死难者国家公祭日。

2014年9月30日，在庆祝中华人民共和国成立65周年之际，中国迎来首个“烈士纪念日”。党和国家领导人同首都各界代表一起，向人民英雄敬献花篮，表达缅怀追思。

后 记

为回答当前广大职工普遍关注的热点问题，帮助广大职工更好地了解中央的各项决策部署及国家和社会的发展走势，中国工人出版社组织作者对与职工切身利益密切相关的若干热点问题进行解读，编辑成册，以期为广大职工、读者提供一本能够答疑解惑、拓宽知识面的通俗理论读物。

本书共分为八章，其中第一章、第四章、第六章、第八章由韩建平执笔，第二章、第五章由罗娟执笔，第三章、第七章由李瑾执笔。文中所附图片由杨登峰和袁征共同提供。本书观点深入浅出、文风朴实、图文并茂，适合广大职工参阅。

鉴于编者水平有限，本书在编辑过程中难免有纰漏，敬请广大职工、读者批评指正。

编 者

2015年5月